JN409187

魂으로 부른 자유의 노래

맞이하고 마주하고

도서출판 채운재

魂으로 부른 자유의 노래

맞이하고 마주하고

김구부 지음

도서출판 채운재

| 책 머리에 |

맞이할 것과 마주할 것들

모든 것이 시간에 떠밀려 아득히 멀어져 갑니다. 사람과의 관계, 고향에 대한 추억, 소중한 가치들이 시간에 의해 퇴색됩니다. 시간은 거침없이 오늘을 잠식하면서 변화와 부재를 끊임없이 생산해 냅니다.

고향마을의 이발소도 변해 있었습니다. '인내는 쓰고 열매는 달다' 라고, 파리똥을 뒤집에 쓴 액자가 걸려있던 '희망이발소'는 끝내 희망이 없어 인내하지 못하였는지, 인내 끝에 열매를 따고 떠났는지 그곳에는 낯선 외래간판의 상점이 들어서 있습니다. 더욱이 북한땅에 고향을 둔 사람의 입장에서라면 숱한 시간과 더불어 이념이 쌓아올린 높은 벽으로 인해 그 고향의 행방이 묘연합니다.

그렇게 부모 형제도, 친구들도, 세월의 강물에 떠밀며 흘러갔습니다. 그들과 함께 했던 추억이나 동시대의 가치도 굴절되었거나 변색되었습니다. 모든 사상事象은 이렇듯 황성옛터가 되어

쓸쓸함만을 보여주고 있습니다.

사람의 평생을 웃음과 울음의 교차속에서의 삶이라고 생각해 봅니다. 웃음을 기쁨이거나 희망 또는 즐거움, 성취감 등의 범주에 두고 울음은 불행과 좌절, 고통 등으로 구획한다면, 사람의 평생은 웃음을 위해 울음을 극복해 가는 과정이라고 할 수 있을 것입니다. 그래서 우리는 웃음을 맞이하고 또 마주하기 위해 노력을 아끼지 않습니다.

그런 의미에서 맞이는 포용의 전 단계로서의 환영이며 영접입니다. 설사 맞이보다 마주가 거리감에서 보아 보다 밀착된 관계의 표현이라 해도 여기에서 필요한 것이 웃음이어야 한다면 그 구분은 의미가 없다 할 것입니다.

우리에게는 맞이하고 마주할 일들이 너무 많습니다. 일탈이 아니라 대오의 긍정적 형성이며 냉소가 아니라 소통과 포용인 이 맞이와 마주의 큰 그릇에 올곧은 정신, 전승되어야 할 가치를 담아야 합니다. 시간의 흐름에 의해 사라지는 것들이거나 익숙한 풍경들과의 결별을 단순하게 아쉬워하기보다는 그것들의 생성과 소멸이 우리에게 남겨준 것이 무엇인가를 습득해야 한다는 것입니다.

가령, 그때의 슬픔이나 괴로움이 왜 아직까지도 지속되어야 하는지, 범상치 않은 삶과 죽음을 왜 잊어서는 안되는지, 버려야 할 인습은 무엇인지를 조명해 볼 필요가 있다는 것입니다.

이에 따라 거기에서 얻어진 교훈을 맞이하고 마주한다는 바램이 마침내 이 책을 상재上梓한 소이所以가 아닐까, 생각해 봅니다. 우선은 그렇게 따뜻한 눈길로 '맞이' 해 준다면 크게 다행이겠습니다.

더불어 여기에서의 몇 개의 시편들은 낭송가인 안승춘님의 목소리로 선을 보였음을 밝힙니다. 앞으로도 줄기차게 그 목소리의 수고를 기대해 봅니다.

2011년 초봄

김구부 삼가

| 차례 |

책 머리에 5

제1부 | 화합의 노래

밤을 불사르며 13
지금은 잠을 깰 시간 16
아침 서장序章 18
아름다움으로 20
화합의 노래 22
지금은 잔을 채울 시간 24

제1부 '화합의 노래' 에필로그 26
화합의 행방을 찾아서

제2부 | 용사여, 용사여

그 추모식에서 35
겨레의 스승 안중근 의사를 추모함 38
태극전사들이여, 향을 받으소서 42
용사여, 철도참전용사여 44
곡哭, 천안함 순국용사들의 영전에 47
연평진혼곡 50
해병의 이름으로 1 52
해병의 이름으로 2 54

제2부 '용사여 용사여' 에필로그 56
아름다움을 꿈꾸는 도자기

제3부 | 눈물의 시

당신이 싫어서 65

눈물의 시 68

고백 70

타인이 되어 72

미움으로 대신할 이름 74

비목碑木 부근 76

사부곡 思父曲 78

현충원에 가서 80

제3부 '눈물의 시' 에필로그 82
이별의 아픔 혹은 내안의 아버지

제4부 | 못다한 이야기

꿈속의 고향 89

부끄러운 이야기 92

열사론 烈士論 94

전교조 선생님에게 96

김영자 선생님 98

영롱한 이름 100

제4부 '못다한 이야기' 에필로그 102
추억의 귀의처

제5부 | 청산에 올라

백두에 올라 109

독도여, 휘날리는 태극기여 112

산의 내용 114

청산곡靑山曲 116

탐라耽羅를 노래함 118

아리수 찬가 119

금강의 노래 120

제5부 '청산에 올라' 에필로그 121
빼앗긴 산, 넘보는 섬

제6부 | 말 꽃 신곡新曲

자서록自敍錄 129

도참신설圖讖新說 130

서울이여 132

용산박물관 134

광화문 136

백두기白頭記 138

꽃과 병사 140

제6부 '말 꽃 신곡' 에필로그 142
인간의 낙원

| 작품감상 |

김구부의 절망 그리고 저지당한 실낙원 148

제 1 부

화합의 노래

밤을 불사르며

지금은 잠을 깰 시간

아침 서장序章

아름다움으로

화합의 노래

지금은 잔을 채울 시간

제1부 '화합의 노래' 에필로그

화합의 행방을 찾아서

밤을 불사르며

빗장을 벗겨라
그리하여 너를 위하여 나는
몸둘 바 없는 과거를 지울 수 있다
휘장을 걷어 올리자마자
음울하고 축축한 입김을 사라진다
만약 별을 보고자 한다면
아주 가볍게 어깨를 흔들며
반드시 창을 열라

미친 듯이 눈물을 삼키며
너는 왜 꿈을 죽이고 있는가
부딪치고 넘어지면서
우리가 내 지를 수 있는 소리는
아우성이 아니라
한 점 노래도 섞이지 않은 메마른 떨림이었다

멋진 향연을 준비하고
하나씩 초대된 기쁨의 난알들에게

활짝 핀 꽃들을 나누어 주자
조금 어긋난 운명의 뼈를 추스르는 것처럼
애석한 일은 없다
먹구름이 쌓이고,
그렇게 패몰敗沒한다 하여도
다가오는 꿈의 아름다움을 만나자
기쁘게 기쁘게 손을 잡자

나는 나에게 잘 길들여진 짐승이어야 한다
나는 나에게 부지런히 갈증을 요구하여야 한다
손가락을 있는대로 꺾어가며
모든 것을 부둥켜 안으며
입맞추어야 하는,
방금 구워낸 태양이어야 한다
오늘 서로 끌어안지 못한다 하더라도
우리는 우리가 가장 사랑하는 사람의 가슴을 열어 놓고
거침없이 달려드는
아주 젊은 발효醱酵를 준비하여야 한다

활짝 문을 열자
즐겁게 어울리는 목소리를 만나게 되리라
아무것도 모르리라 하겠지만
아무것도 알지 못하므로
즐겁게 즐겁게 부딪쳐 나가자
아, 허물어지고 있는 시간 앞에서
허리가 꺾일 때까지 기지개를 켜자

지금은 잠을 깰 시간

지금은 서로 하나가 되어
다만, 서로 한 힘이 되어야 할 때다
지금 우리는 서로가 밧줄이 되어
서로를 묶어 둘 때다
독선과 아집과 거짓의 가시덤불을 지나
비탄과 분노의 돌밭길을 헤치고
드디어 동서남북 하나가 되는
기쁨의 광장으로 모여 들 때다

그리하여 우리는 두 눈을 부릅뜨고 달려야 한다
두 주먹마저 불끈 쥐고
오로지 한 길
큰 길을 열어 나가야 한다
마침내 승리의 북소리를 함께 듣기 위하여
활활 타올라야 한다
마침내 자유를 노래하기 위하여
불굴의 의지를 아름답게
아름답게 태워야 한다

이제 우리는 저 빛나는 영광을 위하여 나를 던지고
새로 탄생하는
나를 만날 일이다
이제 우리는 자손만대의 가슴에
보람의 열매를 한아름 안겨줄 일이다

그리하여 지금은 잠을 깰 시간이다
지금은 전신을 불태워
저 승리의 고지로 힘차게
힘차게 나아갈 시간이다
사랑하는이여
사랑하는 이의 힘이여
마침내 부르짖노니
자유민주주의 만세, 자유통일 만세,
그리고 대한민국 만세를 —

아침 서장序章

신새벽 뱃고동 소리와 함께
우리 가슴에 나부끼는
기旗,
깃발을 펄럭이며
출항은 이미 시작되었다.
장엄한 일출의 바다를 향해
출어를 서두르는 근육질의 노동은
안식과 번영을 예비한다.

무슨 희망을 낚을 것인가,
무엇을 위해 싸울 것인가,
어떤 의지를 건져 올 것인가,
무엇을 위해 허리띠를 졸라 맬 것인가,

일찍이 우리가 바라기는
화합의 산맥을 쌓는 일이었다.
파도처럼 퍼져나가는 웃음이었다.
일찍이 우리가 소원한 것은

힘의 결집이었다.
불꽃처럼 일어나는 힘의 솟구침이었다.
그리하여 우리는 살아있음을 빛내고자 한다.
그리하여 이 땅에 살고 있음을 자랑하고자 한다.

친구여.
자유와 평화를 위해
번영된 조국의 영원을 위해
우리는 기를 꽂았다.
일찍이 출항을 했고
눈물과 땀을 더불어 쏟았고
힘에 힘을 보탰다.
그리하여 아침을 끌고 있는 우리들은
매일처럼 새로워 진다.

아름다움으로

무엇인가, 내 앞을 지나가고 있는 것은,
지금은 환호의 발자취를 따르는 길목에서
혹시 가을 잎처럼 흔들리는가.
하루를 깨워놓고 그것을 다시 점령하기 위하여
나는 시간의 세포를 소생시킨다.
살아있는 모든 것을 위하여
나는 매일 매일 허리를 굽힌다.

나는 너를 끌어 안을 때 행복했다.
나는 너를 사로잡고 있을 때
또다시 행복했다.
너의 속삭임 속에서
나의 생명이 길들여져 있는 것을 알았을 때
나는 잠시 추위를 내려 놓을 수 있었다.

네가 기대고 싶은 나의 가슴이
벅차다고 하지만 온 몸에서 흩날리는
너의 땀방울만큼 아름다우랴.

나는 너를 딛고 서서
아, 흙이여 창공이여
아 대지여, 황홀할 수 있듯이 영원을 박제剝製한
상처투성이의 너의 노역만큼
아름다우랴.
너에게 나를 세습시키기 위하여
모든 길을 막아 놓고
아, 물이 흐르게 만들고 싶었다
저 합일의 꼭지점에서 만나기 위하여
비바람 흐르는 길을 따라
아, 나는 범람하는 사랑을
뜨겁게 맞고 싶었다.

아름다움을 만나기 위하여
너의 아름다운 생애에 몰입하기 위하여
나는 모험을 하지만
나의 모험은 여태
끝이 없다.

화합의 노래

우리들은 나란히 길을 걷는다.
앞서거나 뒤처지는 일도 없이
어깨동무하며 길을 간다.
무릎의 높이도 보폭까지도 나란히,
그렇게 걸어가는 우리들의 시야도
나란하다.
마침내 멈추지 않았으므로 앞서 갔고
게으르지 않았으므로
무엇이든 준비되어 있었다.

나팔을 불며 북도 치며 걷는다.
그리하여 벽은 허물어진다.
너와 나 사이의 장막이 걷히면서
벽이 허물어지고 있다.
너와 나 사이의 불신이 사라지면서
벽은 모래알이 된다.

우리는 스스로 밝지 못하여 충만할 수 없었다.

충만할 수 없었으므로
어둠의 벽은 높아만 갔다.
오만과 아집은 무엇인가.
사심邪心에 사로잡히거나
사심私心에 기댄다는 것은 무슨 뜻인가.

과즙果汁이 넘치는 뜰을 얻기 위해서라면
이제부터 겸손이다.
초여름 청빛 바람을 맞기 위해서라면
이제부터 정의다.
그것은 우리들의 지금의 희망이며
우리들의 미래의 결론이다.

— 나팔을 불며 나란히 걷는다.
벽이 허물릴때까지
너와 나의 장막이 걷힐 때까지.

지금은 잔을 채울 시간

그리하여
하늘은 높고 땅은 푸른데
손에 손을 잡고 노래를 부른다
눈보라 속 남과 북 동과 서의 모든 길은
탄탄대로로 열리고
바람 한 점, 휘파람 소리에도
꽃들은 활짝 피어난다

움직일 때마다 넘쳐나는 환호,
행복한 피로가 땀방울로 솟아 난다
그리하여 열정과 사랑과 깊은 감동으로
가슴은 벅차오르고
전생의 목쉰 감탄사까지 불러 모아
휘황하게,
휘황하게 내일을 밝힌다

저 빛나는 획득을 위하여
높다란 품격을 위하여

나를 던졌음으로 우리가 되었고
삶을 아끼고
마음을 다스렸기에
마침내 그대의 머리 위에
영광의 관冠이 얹혔다
그리하여 하늘은 높고 땅은 푸른데
모든 길은 광장이 된다

지금은 잔을 채울 시간
참으로 넉넉하게 잔을 채우자
크고 귀하고 감동 뿐인
우리들 갈채의 잔을

〈제1부 '화합의 노래' 에필로그〉

화합의 행방을 찾아서

요즈음처럼 우리 사회에서 갈등과 분열이 그 깊이와 넓이를 알 수 없을 정도로 심화되었을 때는 화합이란 말이 간절하게 떠오릅니다. 왜 분열이 만연하고 갈등은 확대되는가. 화합은 과연 깨져버린 쪽박이 되어 용도 폐기된 가치인가를 생각해 봅니다.

화합의 본질은 동질성의 지향 또는 공존의 의미를 지니고 있습니다. 그러나 수단으로서의 효능을 우선했거나 아니면 화합을 성취시키기 위한 의도가 인색했던지, 아무튼 그것을 이야기 하는 자체가 또 다른 갈등과 분열의 먹이감이 되기도 합니다.

화합은 다양화 시대에 있어서 자유와 평화, 평등의 공동선입니다. 그러나 실제에 있어서는 소속 집단의 입장에서 혹은 사익에 따라 이를 해석하고 아전인수하는 편협성을 보이고 있습니다.

일찍부터 화합의 균등감은 역사가 되풀이하여 증명하듯 문화적 의식의 확립에서만 태동해 왔습니다. 좋은 정치가 이루어지는 곳에 문화의식 또한 그 키만큼 올라 있다는 사례가 이를 입증합니다. 다시 말해 문화의식의 집중적 관심이나 문화 실상에 대한 교양의 투여投與는 그 결과 국가 번영으로 이어지고 있다는 사실입니다.

화和와 예禮와 법法의 실종

그러나 이러한 화합의 형성, 보편적 가치로서의 정착을 위해서는 의지만으로는 부족합니다. 문화적 내용이 뒤따라야 하며 문화에 대한 철학이 선행되어야 합니다. 문화적 철학과 내용이 제시되어 있지 않은 화합이란 그 주장이 아무리 간곡하다 할 지라도 공소한 반향만 있을 뿐입니다.

우리나라 정치권을 들여다 봅니다. 그들의 논쟁은 결국 위법으로 이어지고 그들의 주장은 계산된 인기영합으로, 그리고 대립이라는 이름의 폭력성이 시민적 절망감을 불러 일으키고 있는 것이 사실입니다.

또한 자신들의 주장이 최선이라는 발상이 패권주의에 다름 아님에도 더구나 그것의 정당화를 위해 국리민복이라는 거창한 구호속에 숨어드는 행태를 보면, 그들에게는 일찍부터 화和와 예禮와 법法이 안중에 없음을 전제하고 있는지도 모릅니다.

말馬의 힘을 알기 위해서는 먼 길을 가 봐야 알 수 있고(路遠之馬力), 사람의 됨됨이는 시간이 지나 봐야 알 수 있다(一久一之一心)는 고사가 있습니다. 이렇듯 헌정사 60년 한국정치가 내일에 가서도 크게 기대할 수 없는 게 결론이라면, 어디에서 해법을 찾아야 할지가 더욱 답답한 일입니다.

화火로써 화和를 유린하면 화禍입어

남북관계가 예사롭지 않습니다. 북한정권의 야만적 분탕질이 우리를 괴롭히고 있기 때문입니다. 기아와 탄압의 지옥도를 연출하고 있는 희대의 독재정권이 왜 우리의 북단北端에 존재해 있는가라는 유치한 원망조차 이제 케케묵은 푸념이 되었습니다. 종교나 규범이나 모든 도덕률에서의 권선징악勸善懲惡이라는 부동의 진리가 수정되어야 한다는 우스개 소리가 설득력이 있을 정도가 되었습니다.

사정이 이러함에도 그보다 더 큰 문제가 우리 내부에 똬리를 틀고 있다는 사실입니다. 북한 정권의 추종자들입니다. 그들의 노골적인 북에 대한 추파는 '우리민족끼리' 라는 가면을 쓰고 때로는 평화공존, 얼치기 인도주의로 위장하여 적전분열에 나서고 있습니다.

화和가 문화의식의 확립에 있다면 이들에게 화의 기대가 연목구어緣木求魚인 까닭은, 반대한민국, 반헌법의 행태가 더 이상 분별력을 요구할 수도 없는 지경에 이르렀다는 것입니다.

이런 그들에게 정중한 화和에로의 초대는 상상할 수도 없을 것입니다.

그러나 딱 한 가지, 화火로써 화和를 유린하면 필경 화禍가 돌아온다는 역사의 교훈을 그들에게 들려주고 싶을 따름입니다.

먹는 문제가 화和의 첫 번째?

한자의 화和는 벼 화禾자와 입 구口 두 자로 구성되어 있습니다. 밥이 입에 들어가 배가 불러야 화가 성립된다는 뜻이 아닐까 합니다.

실제 화를 지향하는 마음이 없다면 어떤 결정이나 규칙에 의해서도 강제할 수 없다는 점에서 그저 배부르고 등 따순 것이 화의 첫 번째라는 것을 표의문자가 말해 주고 있습니다.

이를 달리 해석하면 화는 정신영역에 속하는 문제지만 물질이 선행되어야 한다는 뜻인데 이것은 논리의 상충이 아니라 먹는 문제가 그만큼 심각하다는 반증일 것입니다. 따지고 보면 유사이래의 피 튀기는 전쟁은 거의 먹는 문제 즉 자원 확보를 위한 다툼이었고 그래서 금강산도 식후경이란 말은 그 어떤 주장과 논리에 있어서도 맨 윗자리를 차지하고 있는 것입니다.

멀리 갈 것도 없이 이 문제와 관련하여 조선왕조 5백년의 역사를 들추어 봅니다. 그 중 인조 26년에서 고종 원년(1648

년~1864년)까지 216년 동안 전국의 인구조사를 3년에 한번씩 실시한 기록이 눈에 들어옵니다.

인조 26년이라 함은 임진왜란(1598)이 끝난 지 50년, 그 뒤 이 나라를 다시 쑥대밭으로 만들어 놓은 정묘호란(1627)과 병자호란(1636년)이 끝난지 불과 얼마되지 않았던 시기입니다.

이런 와중에 살아남은 전국 8도의 인구가 150여 만 명. 20년 후엔 500만 명으로 늘어났고 고종 원년까지 700만 명 내외를 유지하고 있습니다. 물론 이 때는 지긋지긋한 군역軍役을 피하기 위해서, 혹은 노비들은 고의적으로 신고하지 않는 등 그 누락수치가 20% 이상이라고 하니 실제 인구는 훨씬 많았을 것으로 추정됩니다.

그러나 어찌됐건 조사내용에 의하면 큰 전쟁이나 특별한 국가적 변고가 없음에도 인구수가 급격히 줄어든 부분을 발견할 수 있다는 점입니다. 가령 숙종 25년(1699년)에는 2년에 걸쳐 25만 여명이 기아와 전염병으로 죽어갔는가 하면 영조32년(1756년)에는 3년 전보다 35만 여명이 인구 숫자에서 제외되는 등 들쑥날쑥한 수치를 여러 왕조에서 볼 수 있습니다.

이러한 인구 감소의 원인은 홍수 가뭄 등으로 인한 가난과 질병의 족쇄에서 벗어나지 못했던 것이 주 원인으로, 이쯤되면 화는 실종되고 먹는 문제만 남을 수 밖에 없었을 것입니다.

그러니 하루세끼 중의 하나인 점심식사는 있을 수 없고 마음에 점을 찍는 정도의 점심点心만이 있었던 것입니다.

이 먹는 문제가 종지부를 찍은 것이 불과 30~40년 전, 드디어 5천 년 이래의 숙원을 해결했다는 것은 기적이었습니다.

말머리를 다시 돌려 그렇다면, 기아가 해결됨으로써 화和의 원의原意가 충족된 지금에 와서 화의 행방이 궁금합니다. 그것은 공존과 평화의 논리가 패권주의에 농락당하고 긍정과 발전의 모태인 화가 반이성에 의해 외면당하고 있기 때문입니다. 이렇듯 빈사상태의 화의 치유책을 나의 영세한 필력으로는 찾아 나서기가 쉽지 않습니다.

다만 '싸우지 말고 화목하게 지내고 그러기 위해서 겸손하라'(元曉 和諍思想)는 화가 어떤 작위로도 변형되지 않는다면 진眞일 수밖에 없는 정제된 가치 그대로 남아 있어야 합니다.

오늘 아침 먹구름이 하늘을 덮어 해를 볼 수 없다고 해서 동에서 서로의 해의 운행은 지연되거나 중단되지 않았습니다. 그것은 불변의 진眞이요 화和이기 때문입니다.

제2부

용사여, 용사여

그 추모식에서

겨레의 스승 안중근 의사를 추모함

태극전사들이여, 향을 받으소서

용사여, 철도참전용사여

곡哭, 천안함 순국용사들의 영전에

연평진혼곡

해병의 이름으로 1

해병의 이름으로 2

제2부 '용사여 용사여' 에필로그

아름다움을 꿈꾸는 도자기

그 추모식에서

꽃이여, 마음 한 켠에 우두커니 앉아 있는
꽃이여,
순간을 태울 수 없는,
스스로 타올라도 만개滿開 할 수 없는
꽃이여,
숨쉴 때 마다 기침이 따라나서고
견디기 어려운 신열을 앓을 때
꽃이여,
길을 묻는 사람에게
무엇을 가르쳐 줄 것인가.

지고 있는 꽃이여,
오늘 아침 나는 마침내
나의 수고 속에 갇혀 있다.
온 몸으로 산을 허물고
산이 허물린 자리에 온 몸을 눕히고
매몰시켜야 할 관계를 다시 파헤치고 있다.

정갈한 혼으로 눈빛을 만들던
꽃이여,
너와 나의 약속을 성사시키기 위하여
확신에 찬 흔적으로 내다오.
밤새 가꾼 꿈이 흩어져 갈 때
끝내 되돌아 오지 않는
나의 피울음을 되살려다오.

소쩍새 울음
처마 끝에 내려와
와락 밤을 끌어안을 때
꽃이여,
나의 뜰에 달인들 내려올리 없다.
고개마루 넘자마자 사경死境을 만나고
마침내 꿈마저 철거된 오열 앞에
나는 나의 슬픔을
파종할 수가 없다.

고통보다 조용한 피 앓음을 하면서
지금 지고 있는 꽃이여.
반짝이는가,
별을 만드는가,
응시를 담기도 하는가.

겨레의 스승 안중근 의사를 추모함

순국 100주년을 맞아

①

햇살 눈부셔라,
그 높으신 품결 완연하게
준마로 달려온 서른 두 해의 기개
마침내 북두[1]北斗의 정기 한데 모아 총구를 열자
자주독립의 숨통이 텄고
두 눈 부릅뜨고 국권 회복을 외치자
산하가 맥을 이었다.
햇살 눈부셔라 그 높으신 이름.

일찍이 말씀의 바다 위에는
혼을 사루는 단심의 절의節義가
파도처럼 일렁였다.
패악과 수난이 밀물의 세력으로 들이닥칠 때
독립을 향한 참의지는
어둠속에서 더욱 또렷했다.
성예聲譽는 살신성인 앞에 다만 티끌에 불과할 뿐,
저물어 가는 사직을 붙잡고

국가안위노심초사[2]國家安危勞心焦思하여
가슴을 치고 통곡할 때
견위수명[3]見危授命의 각오를 피로써 새겼다.
그리하여 약육강식풍진시대[4]弱肉强食風塵時代를
백성들에게 소리높여 경고한 것은
동양평화[5]의 새 지평을 열기 위해서 였다.

②

애천, 애인, 애국의 영웅이시여,
조국이 결박당한 운신을 풀지 못하고
청맹과니의 고통을 강요 당할 때
우리들 가슴 가슴마다에
뜨거운 불길을 안겨 준
선각, 선도의 영혼이시여,
그 질곡의 시간을 넘어 마침내
이 땅의 자유와 번영이 오늘에 이르렀나니,
피와 땀으로 일군 위대한 역사役事가
비로소 오늘에 펼쳐지노니

겨레의 스승이시여,
이제 간곡히 바라기는
바다를 가로지르는 웅휘로운 기상과
산악을 관통하는 불굴의 의지를 되살리시어
다만, 절름발이의 살림에서 벗어나게 해 주소서.
아직 길은 멀고 험한데
미망에서 깨어나지 못한 자 매웁게 다스려 주소서.
그리하여 이 나라 백성임을
자랑스럽게 깨우쳐 주소서.

삼가 남기신 뜻과 얼을
다소곳 기리고 있노니
먹구름 활짝 개일 새아침을 염원함이여,
환희의 벅찬 노래를 기다림이여,
비로소 숙연히 받들어
흠모의 정을 가닥가닥 푸나이다.
비로소 묵연히 우러러
경건히 두손 모으나이다.

하늘 높이 별이 되신 순국의 정령精靈이시여,

도우소서.

영면하소서.

1) 북두 : 안중근 의사가 태어날 때 배와 가슴에 7개의 검은 점이 있어 북두칠성의 정기를 받았다하여 자字를 응칠應七이라고 하였음.

2) 국가안위노심초사 : 국가의 안위를 걱정하여 애를 태운다는 뜻. 1910.3.26 순국직전에 쓴 옥중육필로 보물 제569-22호로 지정

3) 견위수명 : 견리사의 견위수명(見利思義見危授命). 즉 이익을 보면 의를 생각하고 위태로움을 보면 목숨을 바친다는 뜻의 안 의사의 유묵. 보물 제569-6호로 지정

4) 약육강식풍진시대 : 강한 자가 약한 자를 잡아먹는, 바람과 티끌이 휘몰아치는 혼돈시대라는 뜻의 안 의사 유묵은 현재 일본인이 소장하고 있다.

5) 동양평화 : 그의 유작으로 '동양평화론' 이 있다.

태극전사들이여, 향을 받으소서

순국영령이시여 향을 받으소서
그대 스무살이 채 안된 젊은 육신들이여
수난과 오욕의 세월을
송죽松竹의 기개로 떨쳐내신
장한 수호신이여

그대는 조국이 위태로웠을 때 꽃다운 나이를 버렸다
겨레의 수난이 막바지로 치달을 때
그대는 상아탑의 학도이기를 거부했다
조국이 부르기 전에 총을 들었고
겨레가 부르기 전에
그대는 스스로 요새가 되었다
장하지 아니한가 태극의 전사들이여

누가 있어 그대의 충성보다 뜨거울 수 있으랴
누가 있어 그대의 영광보다 빛날 수 있으랴
다만 우리 서로 어깨를 부비며 자유를 꽃피우리니
다만 우리 굳게 끌어안고 번영을 기원하리니

그러나 그대여
이 땅에는 아직도 어둠이 가시지 않고 있다
찬바람 사나운 들판에서
길은 멀고 바쁜데
죽어서 다시 산 전사들이여
아직도 헛 구호에 매달려 헤매이는 자 있으면
청컨대
꾸짖어 바로 세워주소서

오늘 우리 앞에 우뚝 선
태극의 영령이시여,
삼가 깊고 넓은 충절을
두 손 맞잡고 묵상하고 있나니
이제 향을 받으소서
편히 쉬소서

용사여 철도참전 용사여

그대는 여기 돌아와 서 있다.
287위 그 때의 꽃다운 영혼들이
여기 마치 거목처럼 서 있다.
여기 마치 전진의 순간을 기다리는 철마처럼
당당히 서 있다.

1950년 조국이 위태로웠을 때
그대는 나라의 동맥을 잇기 위해
젊음을 던졌다.
겨레의 수난이 막바지로 치달았을 때
그대들은 철마를 지켰고
밀고 밀리는 싸움에서 그대들은
승리를 향해 돌진했다.
대전에서, 영천에서, 순천에서
그대들은 용약 분전했다.

빗발치는 탄우가 어찌 두렵지 않았을까만
그 보다는 역사의 소명이 앞섰고

그 보다는 순국의 기상이 더욱 앞섰나니—
그리하여 반 세기를 하루같이 절규하며 포효하며
그리워하던 이름
아, 우리 땅 대한민국이여.

내 이제 돌아와 온 몸을 다시 던져
조국 앞에 버티고 서리라.
비록 이름 없는 풀씨로 사라지더라도
겨레의 편한 잠을 지키기 위하여
다시 철도인이 되리라.
평양으로 신의주로
저 멀리 간도 땅 너머까지
민족의 혼을 실은
통일열차를 몰리라.

이제 그대의 이름으로
천년 만대의 영화를 증거할 차례다.
그대 287위의 아름다운 영혼이여.

그대가 던진 56년의 세월이
부강 조국의 오늘을 이룩해 왔음을,

그대의 순국의지가
조국의 오늘을 만들어 냈음을,

장한 용사여, 늘 푸른 철도참전용사여,
겨레의 영원을 위해
다시 우리 앞에 서시라.
다시 우리들의 거울이 되시라.

곡哭, 천안함 순국용사들의 영전에

①

지금처럼 답답한 속으로야 그대 이름을 부를 수 없다.
숯검정으로 타들어가는 마음을
어찌 꺼내 보이랴.
다만 넘쳐나는 눈물을 다독일 수 없다면,
모질게 할퀴고 간 광란의 그 밤바다를
잊을 수 없다면,
그대들의 간절한 기도를 암송할 뿐이다.
그 빛나는 투혼을 아로 새길 뿐이다.
그리하여 핏발 선 분노가 바다를 가르고
서러운 노래 하늘을 덮는다.

②

일찍이 조국은 가시밭길 속에서
만신창이의 상처를 추슬러왔다.
천 번의 목숨을 던져
만 년의 터전을 닦아 가야할 조국은
걸핏하면 엎어졌고

엎어져서 흩어졌고
일어섰다 다시 무너졌다.
그리하여 찢어지고 갈라진 조국의 허리를 잇기 위하여
그대들은 서해 바다를 지키는
용왕이 되었다.

③
천안함 46위 영령이시여.
이제 악의 종복從僕을 역사 앞에 굴복시키는
역발산의 힘을 우리에게 주소서.
저 철조망 너머의 악의 무리들을
이 땅에서 추방시키는 무한의 힘으로
마침내 통일의 아침을 맞게 하소서.
이제 우리들은
뿌리칠 수도 없고
거부할 수도 없는 역사의 진운을
정중히 영접하노니,
오로지 약동과 번영을

이 땅에 꽃피우게 하소서.

그리하여 눈물을 거두고 기쁨과 승리의 환호를
그대들 순국의 길에 이행移行시킬 수 있게 하소서.

46위 천안함 해군 용사들이여.
우리들 마음마다에 우뚝한
불멸의 영웅이시여.
편히 눈 감으소서.

연평 진혼곡

그리 쉽게 헤어질 일이면
약속이나 하지 말지

이름을 새기다 말고
마음만 훔쳐갔어

사랑한다
말 한 것이
바로 엊그젠데.

초록빛 단풍색
사계四季를 풀어 놓고

제대 날 빨리오라
속으로만 헤아렸지

그리움
그렇게 남을까
애 저미며 웃었는데.

편지 몇자 행간에도
체온은 아직 살아

손수건 적실 때마다
그 편지 다시 보면

여기서
울고 또 울어라
마지막을 던지며.

해병의 이름으로 1

친구여, 그 때의 네 편지는
온통 희망이었지.

절절한 안부에다
군인의 길 까지

폼 나는 사진 속엔
태극기가 휘날렸고.

그 날 따라 문풍지가
몹씨도 울더니만

꿈자리 자리마다
천둥소리 낭자했어

꽃이여, 그렇게 지는가
피눈물만 남겨 놓고.

팔각모 붉은 명찰
귀신잡는 해병정신

마침내 고동치는
열화 같은 통일 의지

친구여, 그 길 도우시라
편히 쉬시라.

해병의 이름으로 2

그래, 느닷없는 흉탄에
푸른 목숨 버렸다.

단, 깨끗한 이름하나
증오로 새겨둔다.

그 이름
해병의 혼
통일을 앞당긴다.

분노와 원망의 눈빛
떼쳐도 풀 힘이 없어

울음 다 마르도록
울음 울 듯 웃어댔다.

슬픔도
길들다 보면
한으로 남는 것을.

그리하며 나르는 것
새인가, 자유인가.

충절의 넋들이
불꽃처럼 타오른다.

그 염원
빛으로 남아
산맥처럼 일렁여라.

〈제2부 '용사여 용사여' 에필로그〉

아름다움을 꿈꾸는 도자기

되돌아 올 수 없는 먼 바다를 향해 평팽히 돛을 겁니다. 언젠가의 침몰을 예비하고 있는 배는, 다만 출발이라는 의미를 싣고 대해로 떠납니다. 출발의 설레임을 기대와 희망이라 부르고 침몰의 내일을 죽음으로 일컫는 먼 항해.

인생 도정道程에 대한 나의 이러한 숨찬 필경筆耕은 출발의 설레임보다는 침몰의 죽음을 객관화하기 위해서입니다. 죽음의 객관화라니? 삶도 모르는데 죽음을 어찌 알겠느냐(孔子, 未知生焉知死)는 일갈一喝에 나의 갈필은 무디어져 갑니다. 따라서 아직 경험하지 못한 죽음에 관한 나의 미숙한 언설은 그로부터 질책을 받아 마땅할 것입니다.

그러나 공자님이시여, 공자님도 모르는 죽음을 내 어찌 알겠나이까? 나의 허약한 문장은 감히 죽음에 대한 근원적 규명을 찾아나서는 것이 아니라 인상적으로 풀어 헤치는 삽화정도의 표현이오니 그저 너그러이 지켜봐 주소서.

죽음은 모든 생물들에게 일률적으로 적용되는 자연법입니다. 이치가 이러함에도 사람들은 죽음을 두려워 합니다. 죽음 뒤에는 극락이 있고 천당이 있고 영원한 내세가 있다고 아무리 강조해도 두렵기는 마찬가지입니다.

삶이란 무대장치에서의 소품

사람들은 그런 자신들의 삶의 과정을 생로병사生老病死 네 개로 재단합니다. 순서에 상관없이 노老가 빠지고 병病으로 건너뛴다해도 마침내 무無로 귀결되는 이 명료한 개념을 믿기 싫어합니다. 그래서 생의 마감을 신앙에 의탁하기도 하고 끝내 운명을 앞세워 체념해버리기도 합니다.

삶이란 어쩌면 생애의 한정된 시간 안에 설치된 무대장치에서의 소품에 불과할지 모릅니다. 막이 내리고 관객이 퇴장하면 소품은 재공연이 있기 전 까지는 쓸모가 없습니다. 종교에서는 재공연의 기회를 환생이나 부활, 또는 내세론을 들어 끊임없이 이야기하고 있습니다만 이 방면에 밝지 못한 나로서는 다만, 막이 내리고 관객들이 퇴장하는 것이 두려운 것입니다.

사실 죽음은 언제 올지 모릅니다. 지금 내가 걸어가고 있는 이 길섶에서 불쑥 나타날지, 문틈사이로 어느 때고 소리없이 내습할지도 모르는 일입니다. 육신의 기능이 정지되고 삶의 유한성이 그렇게 입증되는 현상을 우리는 다만 안타까워할 뿐입니다.

개똥 밭에 굴러도 이승이 저승보다 낫다는 말이 있습니다. 삶의 애착이 만들어 낸 산 자들의 이와 같은 감언甘言?이 옳은 것인지 어쩐지는 알 수 없습니다. 그러나 생이 간절하다는 것은 죽음이 그 만큼 두렵다는 반증일 수도 있다는 데 나의 고개는 끄덕여집니다.

늙기도 싫고 병들기도 싫고 죽음 또한 멀리하고 싶은 욕망은 현대의학이 어느 정도의 해결을 자임하고 있지만 이런 눈물겨운 노력도 잠시의 삶의 연장에 기여할 뿐 죽음을 비껴가지는 못합니다.

그렇다면 어떤 삶이어야 하며 어떤 죽음이 의미있는 죽음인가라는 물음이 남습니다. 시계의 초침 한바늘 한바늘이 죽음을 향해 질주해 가고 있는데도 왜 우리는 희망을 지참하여야 하는가가 그것입니다.

어떤이(하이네)는 "신이여, 언제까지나 나에게 청춘을 달라고 하지 않겠습니다. 그러나 언제까지나 청춘의 일부분을 나에게 남겨 주십시오. 이기적이 아닌 노여움과 이기적이 아닌 눈물을 가질 수 있게 말입니다."라고 삶의 의미를 인간에 대한 사랑이라는 가치에 두고 있습니다. 삶을 방치할 때 죽음은 무의미한 것이고 죽음이 지척에 와 있어도 거기에 순응하는 것이 아니라 삶에 대한 의미의 푯대를 바로세워야 한다는 뜻일 것입니다.

톨스토이가 인간의 삶과 죽음에 대해 장황하게 설명하고 있는 것도 이와 유사합니다. 그는 "우뢰소리가 나는 것은 이제 벼락을 맞을 염려가 없다는 것인데 사람들은 그 소리를 들을 때마다 벼락을 맞을까봐 무서워 한다. 죽음도 마찬가지로 삶의 뜻을 알지 못하는 사람들은 죽음과 더불어 모든 것이 없어지는 줄 안다. 그래서 사람들은 죽음을 두려워하고 죽음으로부터 도피하려고 한다"는 것입니다.

그렇습니다. 톨스토이는 '삶의 뜻을 알지 못하고 죽음과 더불어 모든 것이 없어지는 줄 알고 있다' 는 부분에 방점을 찍고 있음이 분명합니다. 단 한 번의 생을 어떻게 보람있게 채워 나가야 될 것인가에 있어서 죽음에 대한 두려움만 앞세운다면 그런 삶은 무의미할 수밖에 없다는 점을 강조하고 있습니다.

잊혀지지 않는 죽음

모든 죽음 앞에 나는 숙연함을 금할 수 없습니다. 불의의 사고로 인해서든 평범한 이웃의 죽음에서도 마음은 같습니다. 그에게는 이루지 못한 원願과 한恨이 얼마일 것이며, 이승에서의 모든 관계망關係網을 일시에 거둬 들였다는 안타까움은 끝내 산 자의 심리적 부채로 남게 됩니다.

어떤 그릇이던지 넘치는 일이 없을 만큼 크지 않다는 인격人格에 비유한 반어법적反語法的 지적이 옳다면 그가 살아있는 동안 '이기적이 아닌 노여움과 이기적이 아닌 눈물' 을 가지고 그에 따른 행동이 있었느냐 없었느냐의 여부는 따질 일이 아닙니다. 소멸과 단절이 남긴 슬픈 감정이 시간의 흐름과 더불어 사라지는 것과 비례하여 그의 생에 대한 모든 것도 잊혀지기 때문입니다.

그러나 잊혀지지 않는 죽음은 잊혀져 가는 죽음 앞에 우뚝하게 남아 감동을 불러 일으킵니다. '죽음과 더불어 모든 것이 없어지지 않는 삶의 뜻을 아는' 죽음 앞에서는 나를 되돌아보게 합니다. 남을 위해 하나 뿐인 목숨을 버린 사람, 나라가 수난의 늪에 빠져 있을 때 두려움 없이 생을 던진 의인들, 그리고 폭풍처럼 밀려 오는 오욕으로부터 나라를 구하겠다고 나선 젊은 영혼들의 죽음은 가슴에서 가슴으로 잊을 수 없는 얼로 전승되어집니다.

6.25 전쟁 때의 군인과 경찰, 학도병과 철도인, 그리고 스무살이 채 안된 학생들이 있는가 하면 훨씬 전의 안중근 의사 등 독립투사들의 순국이 그것입니다. 뿐만 아니라 최근에는 천안함과 연평도에서의 우리 젊은 해군 해병대 장병들이 있습니다. 그들은 청춘의 일부분이거나 전부의 구분 없이 청춘 자체를 시대가 요구하는 대의를 위해 소진시킨 것입니다.

그들을 바라보는 우리들의 가슴에 왜 감동의 물결이 일고 있는지, 그들과 함께한 전장에서 살아남은 전우들의 눈가에 왜 눈물이 가시지 않고 있는지 그제서야 알게 됩니다. 죽음과 함께 모든 것이 결코 없어지지 않는 삶의 이치를 공유했던 전우들이거나 독립투사들은 이제 꿈꾸듯 시선을 멀리 두고 희망을 노래합니다.

흙을 빚어 물레질을 하고 유약을 바르고, 마침내 불속에 누워 아름다움을 꿈꾸는 도자기, 그 도자기가 바로 조국의 오늘이라는 것을- 그리하여 조국의 내일은 불가마에서 꺼내진 아름다운 도자기처럼 찬란할 수 밖에 없음을 이야기합니다.

제3부

눈물의 시

당신이 싫어서

눈물의 시

고백

타인이 되어

미움으로 대신할 이름

비목碑木 부근

사부곡 思父曲

현충원에 가서

제3부 '눈물의 시' 에필로그

이별의 아픔 혹은 내안의 아버지

당신이 싫어서

당신은 나에게 손을 건네며 웃고 있습니다.
그 만큼 나는 당신을 떠나고 있습니다.
꿈마다 나타나는
당신이 싫어서
매몰차게 어둠을 밀어낸 적도 있지만
당신의 체온을 느끼기가 싫어서
나는 돌아서고 있습니다.

죽음은 재빠르게 달려는 것인가, 삶은
그렇게 쉽게 물러서는 것인가, 주저하면서
나는 당신의 미소를
애도할 수 없으므로
나는 당신을 버리고 있습니다.

내가 당신을 떠나고 있는 것은
당신이 나의 곁을 맴돌고 있기 때문입니다.
내가 당신을 떠나
아무 미련없이 등을 보이는 것은

나의 잘 다듬어진 서름과
보잘 것 없는 슬픔과
나만의 그런 원망을
잘 지키기 위해서입니다.
내가 당신을 손사래치는 것은
응고되어버린 그날의 기억과
그로부터의 눈물범벅의 생애와
추가 매달린 나의 삶의 파편이
너무 무겁기 때문입니다.

나는 지금 떠나고 있는데
당신은 나를 막아서고 있습니다.
길을 트십시오.
나의 길을 막고 있는 것은
외로움이지만
내가 허물고 있는 것은
나의 모습입니다.
일찍부터 나에게

원망을 가르쳐 주었듯이
나는 당신의 그리움을 만나기 위하여
길을 비껴가고 있습니다.

눈물의 시

내 손만 잡아 주어요 아버지.
내 입김도 다스려 주어요.
말을 걸지 않아도 좋으니까
나의 눈물만 거두어 주어요.
꿈에 나타나지 않아도 괜찮고
내게 무슨 등불같은 것을 켜주지 않아도
아버지.
그저 쉽게 곁에만 있어 주어요.

바쁘게 지나가는 것은 바람일까요 아버지.
더 빨리 흐르는 것은 세월일까요.
숨을 쉬다 말고라도
천천히 말해 주어요.
말이 싫거든
머리카락 한 올만 움직여 주어요.
덜 깬 서름 때문에 멍해져버린
고단한 생의 물음을
아버지.

스치기만 해 주어요.

느낄 수 있는 것은 다 느끼고
질 수 있는 것은 다 짊어질테니
내게 맡겨 주어요 아버지.
당신에게 다가서는 길이 너무 험해서
나는 아마 주저앉아 버리겠지만 아버지.
아파서 퍼대던
눈물을 털어내고
쉬임없이 쉬임없이
당신에게 달려갈 거예요.
아버지.

고백

시려운 손을 맞잡고
우두커니 생각에 잠깁니다.
마침내 악을 써야 하는데도
눈물만 고르고 있습니다.
당신이 걸어간 길
그 길로 누가 지나가고 있습니까.
꽃들이 피어나고 있거나
가령, 지고 있습니까.
당신의 흔적을 찾을 수 없어
마음을 닫아두고
움직임 또한 잃어버려
서름만 키워내고 있습니다.

가끔 당신의 일기장을 뒤적이며
달이나 꿈이나
세상 살아가는 길이나
그것들의 유품遺品을
손쉽게 떠올려 보지만

남는 것이라고는
생각밖을 떠돕니다.

산과 들을 헤매어 보기도 했지만
당신은 그쯤에서 물러나고 있습니다.
바람 한 자락 기리워
무심히 손을 내어도 보지만
어깨가 무너지기는 마찬가지입니다.

어찌할 수 없어
그렇게 살고 있습니다.

타인이 되어

기다렸다는 듯이
기쁨은 모두 소멸하였습니다.
민들레 꽃 머리풀어 하늘을 향하듯이
마음 둘 자리 하나
어디에고 없습니다.
절간이란 절간에서 한꺼번에 종이 울리고
고사목 가지를 훑고 온 바람이
모두 쇄쇄거리며
여기저기 나뒹굴고 있습니다.

당신이 나의 희망이듯이
나는 당신과 작별할 수 없습니다.
내가 당신의 피붙이라면
당신은 나의 꽃입니다.
당신은 나에게 선택을 바라지만
나는 당신을 떠날 수가 없습니다.
나는 당신을 향하여
범람하는 눈물을 헤쳐가고 있지만

당신은 장대보다 더 긴 한숨을
토해내고 있습니다.

이제 모든 것이 당당하게 소멸하고 있습니다.
단순하게 자진하고 있습니다.
그렇게 환청의 숲에는
빗소리가 낭자합니다.

마침내 나는
나와 마주 앉아
중요한 거래를 터야 하겠지만
결국 당신의 눈길밖에서
주저앉을 수 밖에 없습니다.

타인이 되어 맴 돌 뿐입니다.

미움으로 대신할 이름

포플러 숲과
마음을 비워 버린 내 입술에 고인 미소와
개울가에 버려진 꿈 한다발과
서름 속에 묻혀버린 회한과
그들은 서로 무엇이 다른가.

만나고 헤어지기 훨씬 전부터
만나고 헤어짐의 내용을 생략하고
만남과 헤어짐이
서로 무관하게 지나치면 안되는가.
슬픔의 간격을 좁히면서
그저 상냥하게 웃으면 안되는가.

만남과 헤어짐 사이에
아픔을 깊게 새긴다면
내가 만들어야 할 그리움은 어떤 것인가.
길을 잃어버린 채
어디로든 떠난다 해도

조용히 따라올 것인가.
잠과 잠이 아닌 것과는
무엇이 어떻게 다른가.

미움으로 대신할 이름은
이 세상 어디에고 없는가.

비목碑木부근

누구의 이름을 적어 넣을 수 없습니다.
누구의 이름이든 기록되기를 거부합니다.
숨결이 떠난 나무토막이지만
견고한 내력만을 받아들이기 때문에
송곳같은 외침이거나
화려한 꽃치장은 필요없습니다.
시선을 고정시키지 않아도 좋습니다.
엄숙한 표정을 던지거나
깊은 슬픔을 일깨우고야 말겠다는
추모의 말에 귀 기울이지 않습니다.

불기둥을 기억합니다.
내려 꽂히는 총탄에
목숨이 부숴지던 그 때를 생각합니다.
한 치의 땅도 온전히 보존해야겠다는 다짐의,
그 피의 능선을
지금 오릅니다.

마침내 골짜기에 아우성이 낭자합니다.
고통이거나, 안도이거나
아쉬움이거나, 기도이거나
산골짜기를 타고
한목소리가 되어 내려옵니다.
바람 한 점 억새밭에 엎힙니다.

억새의 몸 부비는 소리가
비목을 흔듭니다.

사부곡思父曲

생각하면 먼 옛날
사모思慕로 얼룩진 시간

아픈 상처 보듬어도
마르지 않는 피눈물

아버지, 그 그리운 이름을 여태껏 불러본다.

서너살 귓가에
작열하던 포성소리

신음과 통곡이
뒤엉켜 다가온다

아버지, 그 마지막을 전해주던 단심丹心의 사진 한 장.

저미는 서름들로
세월을 교직交織하고

이 만큼 어른되어
되살려 그려 보며

아버지, 그 큰 뜻을 가슴 깊이 새긴다.

현충원에 가서

오늘은 하 답답해
당신을 찾습니다.

오랜 기다림을
바람결에 날립니다.

장승처럼 돌이되어
하염없이 섰습니다.

두 손을 맞잡고
큰 절을 올립니다.

행여 기척이 있을까
아버지, 불러도 봅니다.

눈물이 깃폭처럼 찢겨
가슴속을 적십니다.

차마 가슴 조여
그리워 눈 감으면

어슴프레 당신모습
햇살처럼 떠옵니다.

이 앞을 서성거리며
며칠 밤을 새웁니다.

〈제3부 '눈물의 시' 에필로그〉

이별의 아픔 혹은 내 안의 아버지

사람은 누구나 이별을 슬퍼합니다. 육친이거나 가까운 사이일수록, 헤어짐으로써 관계의 단절에서 오는 고적감에 어쩔줄 몰라 합니다. '헤어진다는 것은 더 많은 준비를 가지고 내게 다시 돌아오는 것' 이라고 이 눈물 나는 현상을 그럴듯하게 수사修辭하기도 하지만 준비는커녕 상봉기약조차 없을 때 마음은 무너질 수밖에 없습니다.

그러므로 모든 별후別後에는 그리움이 종양처럼 자라납니다. 공허감, 외로움은 심인성心因性 질환으로 발전하여 급기야 망부석이 되기도 합니다.

이별은 그리움의 시작

여보게 떠나 가는가 / 이 잔 받게나 / 먼 먼 낯선 역에 달이 밝으면, / 뒤척이는 그 한밤에 / 소쩍새 울면, / 그리움을 어이하나 / 이 잔 받게나/

조선조 선조때의 문인 이순인(李純仁 1543-1592)은 친구를 떠나 보내는 허허로운 마음을 시를 지어 달래고 있습니다. 그에게 떠나는 이의 일정은 아무 의미가 없습니다. 그 길이 몇 달 며칠이 걸리는지, 다시 돌아올 것인지는 물어 볼 필요도 없이 다만, 이별의 시작이 그리움의 발아發芽임을 벌써부터 예감하고 있습니다.

우정이 깊으면 깊을수록 그의 빈 자리에는 아름다운 정의情誼가 만발하고 있음을 발견할 수 있습니다.

연인간에 있어서의 이별은 손수건 가득 눈물을 준비하는 일입니다. 사람의 감성과 잇닿아 있는 예술작품들은 연인들의 열정적인 사랑놀이를 흐드러지게 펼쳐놓고 마침내 이별을 제시합니다. 거기에는 배신, 분노, 연민 등 무엇하나 꼭 집어 얘기할 수 없는 복합적인 감정을 불러일으키다가 끝내 눈물로 옮겨가고 있음을 봅니다.

이처럼 심리적 내란을 겪어야 하는 연인과의 이별이 배신, 분노를 벗어나지 못할 때 어떤 이는 '여자(남자)는 사랑이란 독침으로 남자의 삶에 시비를 건다' 고 증오에 가까운 말을 퍼붓기도 합니다.

뿐만 아닙니다. 이 연인과의 이별 문제는 역사의 페이지를 핏빛으로 물들여 놓는가 하면 아주 감동적으로 장식하기도 합니다. 사랑의 쟁취를 위하여 살륙을 동반하는 전쟁을 불러일으키기도 하고 그와의 이별이 싫어 왕위도 헌신짝처럼 버리기도 합니다.

친구나 연인사이에 있어서의 이런 이별은 익숙한 것과의 결별에 대한 아쉬움의 정도를 넘습니다. 단지 동시대에 태어나 엇비슷한 일상사를 건너오는 동안 친밀감을 공유했다는 정도가 아니라 그 감정의 폭과 깊이가 남달랐다는 것입니다. 그가 없으면 허전하고 빈자리가 크다는 이별 이후의 인식이 마침내 혼자가 되었다는 절대 고독으로 전이되는 것도 이 때문입니다.

그러나 이러한 이별에 있어서의 사적 감정의 범람은 회자정리會者定離의 원칙에서 보면 다반사일 수 있습니다. 이 다반사가 당신에게 주는 위안이 아니라 해도 마침 사람들에게는 망각이라는 무기를 지참하고 있다는 사실에 주목해야 합니다.

망각이 기특한 것은 미움, 배신감 등 모든 부정적 감정조차도 시간이 지나면서 아름다운 색깔로 채색된다는 것입니다. 그것을 우리는 추억이라고 부르는데 그 추억은 호불호好不好가 교직交織되면서 시간과 공간의 구별도 없는 아늑한 분위기 속에 저 혼자 자리하고 있음을 특징으로 하고 있습니다.

따라서 나의 추억속에는 당신이 자리하고, 당신의 추억속에 언제나 내가 있음은 당연합니다.

매년 7월 27일 그곳을 찾는 까닭은?

친구나 연인과의 이별은 이제 부득이 추억속으로 편입시켰습니다. 그러나 내 부모 형제와의 이별은 망각의 대상이거나 추억속의 존재가 될 수 없습니다. 그것은 가혹한 현실이기 때문입니다.

나라의 부름을 받고 꽃다운 나이에 숨져간 군인과 경찰이 있습니다. 이들의 유족들이 모인 곳이 대한민국전몰군경유족회입니다. 회원 가운데는 6.25 전쟁당시 순국한 장병의 아들이 있고 공비토벌중에 장렬히 산화한 아버지를 둔 딸도 있습니다. 나는 여기서 60여년 전의 참화에 의해 무참히 희생당한 군인과 경찰의 유자녀에게 초점을 맞춥니다.

그들은 서너살 때, 혹은 유복자로 태어나 질곡의 삶을 살아왔습니다. 아버지의 전사로 환심이 된 젊은 어머니는 가출할 수 밖에 없었을 것이고, 그러자 그들은 할머니, 친척집에 맡겨지거나 이집 저집 또는 고아원으로 전전했을 것입니다. 그렇지 않으면 홀어머니 밑에서 신산辛酸의 고초를 온 몸으로 겪어야 했습니다.

생각하면 그 가난과 멸시가 오죽했을 것이며 눈물과 원망으로 얼마나 뼈아픈 세월을 살아왔겠는가는 필설筆舌로 형용하기가 쉽지 않을 것입니다. 부모와의 이별을 망각이거나 추억속으로 편입시킬 수 없는 이유가 여기에 있는 것입니다.

아마도 당신은 기억할 것입니다. "아빠하고 나하고 만든 꽃밭에 채송화도 봉숭아도 한창입니다…"라는 어릴적 부르던 동요를. 아버지와의 이런 아련한 추억조차도 있을리 없는 이들은 이제 허연 백발이 되어 매년 7월 27일(휴전일)이 되면 찾는 곳이 있습니다.

동해안 고성에서 파주 임진각까지 155마일 휴전선 철조망을 따라 자랑스런 아버지의 흔적을 찾아 나섭니다. 백마고지에서 아버지를 부르며 눈물을 짓기도 하고 격전의 골짜기에서 야영을 하면서 아버지의 나라사랑 정신을 되새기기도 합니다. 아버지의 아들답게, 아버지의 딸다운 자긍심은 그간의 서름과 원망을 녹입니다. 아버지는 언제나 내 안에 있고, 내 안에 있는 아버지는 나라의 아들임을 자랑스러워 합니다.

그러나 그들의 가슴 깊은 곳에는 항상 눈물이 넘쳐나고 있습니다.

제4부

못다한 이야기

꿈속의 고향

부끄러운 이야기

열사론烈士論

전교조 선생님에게

김영자 선생님

영롱한 이름

제4부 '못다한 이야기' 에필로그

추억의 귀의처

꿈속의 고향

실향민 일기

해 설풋 기우는 길에
자욱이 연기나던 시절은
가고 없다.

가끔 눈물을 감추고 싶을 때
추녀 끝에 매달려 세상을 맑게 담던
이슬방울조차 없다.

꽃대를 꺾어
가슴에 허리춤에 마구 꽂으며
산등성이를 가로 뛰던 시절은
안개에 젖어 있다.

개울가에 발을 담그고
까맣게 모여드는 송사리떼를
만났으면 했는데
물은 제 스스로
갈증에 묻혀 있다.

굴뚝을 그을리며 올라가던 나무 냄새가
따뜻하게 가슴을 싸 안으면서
실향의 아픔을 달래주고 있으나
그만한 간격을 채워야 하는 파란 하늘은
지붕위를 떠났다.

수국水菊이 질 무렵이면 아마 오겠지,
하던 기다림은
빗소리 하나 거느리지 못한다.

뒷짐을 지고
이런저런 생각을 들춰보던
아랫마을 자갈길이
눈에 밟히지 않는다.

곡주를 퍼담던
칠성엄니의 앞치마 자락이
자주 스치기는 하는데,

빈 까치집은
미루나무 맨 높은 엇가지에
아직도 얹혀있다

꽈리를 불며 쫑긋거리던 입술이 묘연하고
모락모락 두런거리던
유충열전劉忠烈傳 첫장이 찢겨졌다.

오랜만에 소꼴도 베고 싶고
그렇게 오랜만에 삽살이의 등줄기를 쓰다듬고 싶은데,
지금은 갈 수 없는 고향
황해도 서흥군 내양면 녹안마을은 어디있는가.

–이마를 때리는 여름밤의 빗줄기가
잠을 깨우고 있다.

부끄러운 이야기

할아버지가 손자에게 말씀하셨습니다. 충남 논산의 황산옛터 거기, 장터에 갔다 무참히 당한 당신의 피맺힌 얘기였지요. 그러니까 그 날 한무더기 흰 옷을 입은 장꾼들이 독립만세를 부르더라지요. 마침 생각한 바가 있어 목이 터져라고 따라 부르고 있자니, 왜놈 순사들이 달려와 모조리 잡아 가더라지요. 그로부터 50여대의 곤장에 사경을 헤매다 겨우 살아나와 곰곰이 생각해 보니, 나라뺏긴 일이 더욱 억울하고 분해서 견딜 수가 없었답니다.

그 대신 세상을 바라보는 눈이 달라졌다는 말씀이었지요.

아버지가 아들에게 말씀하셨습니다. 조용한 일요일 아침에 시작된 전쟁이 당신의 가슴을 어떻게 피멍으로 물들여 놓았는지에 대한 얘기였지요. 그날 저 완장 찬 붉은무리들이 총칼을 드밀며 이제 새세상이 되었으니 자기들에게 협조하라고 윽박지르더라나요. 여덟남매

어린 자식들 때문에 죽어서는 안되겠고 이를테면 눈치 속에 부역을 한 셈인데, 할아버지처럼 당당하지 못했던 그때의 일이 두고두고 남는 회한이었답니다.

그 대신 너희들은 절대 부끄럽게 살아서는 안된다는 말씀이었지요.

그러나 할아버지, 아버지, 나는 지금 제 자식들에게 아무런 할 말이 없습니다. 할아버지의 조국애와 아버지의 절절한 부성애는 커녕, 진정한 제 목소리로 아이들에게 들려줄 말이 없으니 얼마나 답답한 노릇입니까. 정말 저는 당신들의 손주들에게 '성폭행 조심해라', '너를 가르치는 선생님이 전교조 아닌가 잘 살펴봐라' 는 말 밖에 할 수 없는 것일까요.

할아버지 아버지 이 부끄러움을 어떻게 해야 할까요?

열사론烈士論

아들아, 너는 커서 열사가 되면 안되느니라.
보리 풀 때 죽으로
살아 있음 만을 확인하던 전쟁때는
아직 어려 열사가 되지 못했고
독재의 칼날 너무 무서워
돌팔매질 한 번 못한 겁많은 애비지만
아들아, 너는 커서 열사가 되면 안되느니라.
오월의 나뭇잎새가 싱그러운 것이
어디 뿌리나 몸통만의 뜻이겠느냐.
세상의 이치 뒤에는
또다른 이치가 있는 법,
네가 크면 알리라.
네 몸 불살라 천하를 얻는다 해도
정작 태워버릴 것은 너의 화염같은
분노인 것을.

너의 돌팔매질에 살이 찢기고
너의 각목에 맞아 피를 토하고

드디어 너의 살의殺意에
광산김문일가光山金門一家가 비명으로 끝난들

아들아,
네가 이룰 것은 아무것도 없다.
너의 핏발선 죽창이
또 다른 절망을 부를 때
애비는 죽어 청산에 묻히면 그 뿐,

아들아.
너는 커서 애비의 가슴에 못을 박는
열사가 되면 안되느니라.

전교조 선생님에게

선생님 이러시면 안돼요

우린 하얀 백지여요
가능하면 무지개빛 꿈이거나
새소리 지저귀는 푸른 숲의
그런 평화를 그려요
악취나는 시궁창을 그린대도
핏빛 섬뜩한 화약냄새를 바른대도
그것은 전혀 선생님의 뜻이지만
우리는 그냥 백지가 가르키는
순수이고 싶어요

선생님 이러시면 안돼요

우리가 뭐 공장에서 생산하는 상품인가요?
선생님이 상품을 만드는 노동자라면 우리는
공부하는 상품인가요
공부하는 노동자인가요?

선생님 제발 이러시면 안돼요

우리는 정말 하얀 백지여요
선동이나 이념이 아니라
거기에다 가는
온통 푸른 희망을 그려 넣어야 해요
그리고 아무도 만난 일이 없는 맨 처음의 미소이듯
그런 깨끗한 사랑을
하나가득 채우고 싶거든요

김영자 선생님

선생님이 우리학교에 부임하시던 날, 나는 그렇게 예쁜 여자 처음 보았네.

앞으로 나란히! 바로!

가을 하늘만큼이나 높고 맑은 목소리는 시오리 길 계족산 소풍길에서 만난 시냇물 소리였네. 눈길 하나에도 사람사는 이치 번뜩이고 말씀 한 마디에 꿈길 더욱 황홀한, 내 어서 커서 색시감 삼고 싶었네. 밟아서는 안 된다는 선생님의 그림자 옆에 나는 또 하나의 그림자로 남고 싶었네.

선생님이 측간에 갔었네. 측간의 초가지붕을 넉넉히 이고 앉은 박덩이만한 슬픔을 나는 주체할 수 없었네. 더럽고 냄새나는 측간에서 선생님은 무엇을 하고 있었을까? 깨끗하고 아름다운 선생님의 엉덩이와 박덩이를 비교하면서 어쩌면 선생님은 하늘에서 내려온 선녀가 아닐지도 몰라 속상했네. 고추도 여물기도 전에 고추가 다 여물어버린 어른 같은 조숙함에 나는 사뭇 죄송 했네.

이제 앞으로 나란히!. 할 일도 없고 바로! 설 일 대체로 터득해 버린 지금, 나는 김영자 선생님을 잊지 못하네. 전교조 소동으로 칼바람을 일으키고 있던 초등학교에 다시 와보니 선생님을 더 더욱 잊지 못하네. 이만큼 철들어도 잊지 못하네.

영롱한 이름

어느 팔순 노병에게 드리는 헌시

뿌리깊은 나무로 큰 그늘 만들고
샘이 깊은 물로
목마름도 거두시는이여
피와 땀의 세월 오롯이 감싸안고
회한은 두 어깨위에서 들썩이는가
마주하는 시선마다 눈물이 범람하는,
아직도 서름의 늪에서
헤어나지 못하시는가

들판이든 산마루 구비마다에서
이승과 저승의 구분이 없던 날
그렇게 모진 삭풍 이겨내고
마침내 되찾은 자유의 나라 —.
그 길 돌아보면 어디 울기만 했으랴
그 길 되돌아 생각하면
뼈가 부숴지는 고통 왜 없었으랴

이제 열熱과 성誠으로 길을 가르치고

세상 열어가는 큰 눈 가지셨으니
빛나는 이름이시여
이제 다시 시작하는 삶의 새 높이에서
우리들을 사랑과 감동의 광장으로 인도하시라
이제 우리로 하여금
그대의 말씀 입구에서
비취빛 청옥靑玉을 줍게 하시라

지금은 천신만고의 어제를 버리고
참으로 경건하게
또 다른 길을 배웅할 시간

다시 한 번 크게 빌고 바라기는,
자유의 등불이소서
언제나 누리의 큰 빛이소서

〈제4부 '못다한 이야기' 에필로그〉

추억의 귀의처歸依處

고향에 관한 나의 기억은 바람과 함께 흩어지는 안개 속의 불투명한 시야속에 자리잡고 있습니다. 모든 사물은 가물가물한 형체로만 그려져 있을 뿐 그 또한 중첩된 풍경을 배경으로 떠 있어 불가해한 모습으로 다가옵니다. 나의 고향에 관한 생각은 이렇듯 언제나 안개가 걷히지 않는 마을을 배회하는 일입니다.

나는 한 때 고향은, 고향을 갈 수 없는 자가 남겨놓은 최후의 성지이고, 고향을 지키는 자에 있어서의 고향은 낙원이라고 힘주어 말하곤 했습니다. 고향을 떠나온 사람들은 누구나 그러하겠지만 고향에서의 유년의 추억은 나이가 들수록 새록새록 피어나 내 안에 그리움의 표식으로 자리잡고 있기 때문입니다.

그러나 정작 나는 나의 고향이 불분명함을 알고부터 성지이거나 낙원운운은 고향을 갈 수 없는 실향민의 정서에 해당되는 말로 생각하기에 이르렀습니다.

알곱개의 고향

그 때 아버지의 직장을 따라 다닐 적에 3대의 식솔들은 유목민처럼 새로운 세계에 적응하느라 분주했고 스무살 철이 들 무렵까지 일곱 번의 전학을 다니는 동안 나는 긴장과 불안으로 늘상 가슴을 졸여야 했습니다.

이 안개마을에서는 그 얼굴을 익힐 만 하면 새 얼굴이 다시 그 얼굴이 되었으며 그 학교와 이 마을 또한 크게 다르지 않았습니다. 그러면서 간간히 엿보이는 것은 신문지만한 크기의 툇마루에 앉아 설익은 참외를 깎아 먹던 일, 맨드라미가 피어 있는 장독대, 혹은 탱자나무 울타리 밑을 오가는 누렁이의 모습 등이 떠오르지만 그곳이 어디라는 인문지리적 인식은 사라진지 오래가 되었습니다. 그것은 최소한 일곱 개의 고향을 가진 자의 서글픈 현실이기도 하였습니다.

이렇듯 일곱 개의 중첩된 모습으로 다가오는 고향의 추억을 내 마음의 지정석으로 모두 초대할 수 없다는데 나는 망연자실하였습니다. 그것은 산만하지만 추억이라던가, 막연하지만 향수라는 정신적 자양으로부터의 단절과 퇴출을 의미하는 것이기 때문입니다.

나는 부랴부랴 유년의 편린들을 엉성하게나마 재조립하여 추억의 귀의처歸依處를 새롭게 단장할 수 밖에 없었습니다.

이제 나이들어 고향마을을 찾아 나섭니다. 자신이 낳은 곳이 고향이라지만 그 곳은 기억밖에 존재해 있고 아버지의 고향이 그 자식의 고향이라고 하지만 그곳을 또다시 고향으로 추가시킬 수는 없습니다. 오늘에 와서의 귀향 목적은 그때의 추억속으로 빠져 들고 때로는 변화된 모습들을 감회속으로 흡인시키는 일인데, 아무런 기억이 없는 곳은 삭제해야 마땅할 터 였습니다. 따라서 나는 나의 고향을 일곱 개 마을로 설정해 놓고 그곳에 안개가 걷히기를 기다립니다.

실낙원의 풍경

일곱 개 마을은 모든 것이 훼절되어버린 실낙원이었습니다. 곡선曲線의 골목길과 논뚝길은 모두 직선으로 뻗어 있었고 하다못해 싸리문조차 철대문으로 바뀌어 옛주인에게까지 경계의 분위기를 자아내고 있었습니다.

코스모스가 만발하던 기차역은 벌써 폐쇄되었고 그러다 보니 복숭아꽃 살구꽃 아기진달래가 피워 냈던 정서는 서리맞은 호박잎 꼴이 되어 있었습니다.

'그 얼굴들' 이 가득했던 초등학교도 사정은 마찬가지였습니다. 밤이면 박쥐가 들끓던 낡은 목조건물이 아니라 현대식 2층건물의 교실에는 컴퓨터다, 영상시설 등 문명의 이기가 개선장군처럼 들어앉아 있었고, 그러나 크게 다행인 것은 첫사랑의 범주안에 모시고 싶었던 '김영자 선생님' 의 모습만은 아련했습니다.

결국 몸에 맞지 않는 새양복을 입은 것처럼 불편하고 어색

함을 확인하는데 그친 나의 귀향길은 미아迷兒이거나 이방인의 여정으로 끝을 맺어야 했습니다.

추억의 귀의처는 폐허가 되었고 안개마을은 환시幻視였으며 문득 아버지가 거느렸던 열세명의 식솔 가운데 이제 다섯만이 남아있다는 사실에 이르러 그 모든 것을 현실로 받아들여야 했습니다.

고향은 언제나 내 인생의 석기시대에 머물러 있어야 한다는 지론이 그렇게 타격을 받았지만 그렇다고 추억의 멸망사를 조기에 쓸수는 없었습니다. 현실의 척박함을 확인한 이상 미아이거나 이방인의 처지를 하루빨리 청산하는 것만이 실조失調의 고향풍경을 기억에서 지워버리는 일이 될 것이기 때문입니다. 어차피 중첩된 추억들에 대해 골격을 맞추고 살을 붙인다해도 몸에 맞지 않은 옷을 입기는 마찬가지로 어색하겠지만, 고향을 차용하거나 복원할 수 없다면 나는 김영자 선생님을 그리워하고 그 얼굴들을 재생하여 동심에 뛰어드는 것이 그나마 석기시대의 고향에 잠입해 보는 나만의 통로를 확보하는 일이 될 것이기 때문입니다.

따라서 이러한 심리상태가 만성의 결핍이거나 천형天刑이라 해도 언제까지나 간직할 수 밖에 없을 것 같습니다. 더불어 나는 내가 살아숨쉬는 지금의 자유까지, 홀로 바라보는 아늑한 풍경이거나 그곳의 평화까지를 내 마음의 아름다운 추억의 지정석에 앉힐 수밖에 없습니다.

김금원(金錦園 조선 순조때 여류시인)의 시가 이를 대신합니다.

타향이라 탓할 것 뭐있는가　　　擧目何論非我土

부평초는 닿는 곳이 고향땅이지　萍遊到處是鄕關

제5부

청산에 올라

백두에 올라

독도여, 휘날리는 태극기여

산의 내용

청산곡青山曲

탐라耽羅를 노래함

아리수 찬가

금강의 노래

제5부 '청산에 올라' 에필로그

빼앗긴 산, 넘보는 섬

백두에 올라

보라, 여기 햇빛이 처음 나래를 펴고
빗줄기 옥정수玉井水로 내리는 곳.
수 천의 산하를 거느리고
홀로 우뚝 역사하는
겨레의 영산을 보라.
고구려의 말발굽소리가
우리의 가슴에 혼불로 남고
만주벌 휘달리던 선구자의 기백
이곳에 어려
바람과 구름의 조화마저
필경 백두 앞에
고개 숙이나니,

그렇다. 내 삶의 근원이며
모든 것의 시작인 백두를 두고
우리는 지금
어디로 가고 있는가.
민족의 정기가 이곳에서 발원하고

겨레의 기상이 한데 모여 승천하는
백두의 넉넉한 품 안에서
우리는 자유와 평화와 통일의 내일만을
온전히 거두어야 한다.

백두에 오르는 자 속진을 털고
백두에 오르면 기도를 할 일이다.
미움도 다툼도 버리고
사해四海에 떨칠
조국의 영광만을 생각할 일이다

그리하여 겨레여.
저 깊고 푸른 천지의 침묵 앞에
기구祈求와 이상理想이 하나임을 다짐하자.
수 만 년 살아 온 날들과
수 만 년 살아 갈 일월日月을 불러모아
뼈와 살이 하나임을 확인하자.
번영과 통일이 기약되는 그날을 위해,

억조창생 으뜸으로만 살아갈
우리들의
그날을 위해.

독도여, 휘날리는 태극기여

동해 푸른 바다 위에 점, 점으로 태어나
누累 천 년의 별이 된
용오름을 보라.
살을 발라 바람결에 맡기고
뼈로 세운 혼魂으로 만대를 지키는
저 근육질의 의지를 보라.

차마 손 놓을 수 없는 거리에서
너는 애지중지 조국의 막내였다.
다시 새기는 역사의 갈피에서,
울고 싶은 오욕의 일상을 돌아
아, 독도여
너는 비로소 내 앞에 섰다.

꿈 속인 듯 잠시 잊혀졌을 때
너의 정수리에 맴돌던 먹구름으로
가슴 조였던 그날,
일출 뒤에 숨은 검은 그림자가

분노의 파도가 되어 억장을 무너뜨린
바로 그날,
마침내 우리는 결기 높은 돌비 하나를 세운다.

그리하여 독도여,
겨레의 넓은 품에 의지의 푯대가 되어
우리의 마음마다에 꽃으로 피어난
눈물겨운 희망이여.
조국이 하나라며 뇌이고 또 되뇌이듯,
겨레가 둘이 될 수 없듯
부르고 또 부르노니,
독도여, 내 안에 너를 두고
다시 환호하는 분신이여,
그렇게 우리의 가슴 깊이에서 뛰어나와
천년 만년이 오늘처럼 당당하여라.
독도여,
휘날리는 태극기여.

산의 내용

산맥들이 휘달리며
너울너울 춤을 춘다.

봄 시내 가을빛도
제 풀에 어울어져

단壇 높이
사루는 원願이
바람되어 퍼진다.

질긴 듯 끊기지 않는
시간의 연줄을 당겨

피울움 갈피에 접어
내일을 예비한다.

가없이
열리는 동천冬天
맑게 뜨는 넋이 있다.

얼마쯤 기억할까
미망迷妄의 어둔 초상.

새 땅 일구리라
새 빛 열어 보리.

다짐과
각오사이로
파랗게 쌓이는 숲.

청산곡青山曲

장수좌將帥座 있다고 해서
뒷짐 진 채
오르는 곳.

계백인지 유신이지
스치고 스친
성터마다

머루 꽃 튕기는 맛이
어떻게나
감친지…

헐뜯고 싸움질하고
그 무슨
내력인가.

서녘해 바라다 보면
옛노릇도
그저 그 탓.

수리목 길게 뽑으며
웬만하면
여기 살까.

탐라耽羅를 노래함

공작
깃 펴는 걸
보셨는가,
한라가 그렇다네.

벌어진 어깨로
창천蒼天의 무게를
밟고

바람도 구름도
불끈 솟는
여기.

아리수 찬가

내일을 열어가는 부릅뜬 의지이다

땀의 이랑 자욱마다 눈부신 기적이다

아리수, 아리수여 민족의 탯줄이여

보아라 푸른가람 누만년 여기 흘러

영원으로 나래치는 아침해 새로맞자

금강의 노래

비단길 여울마다 백제혼 불을 지펴

노도같은 그 기상 한데 모아 펼쳐내자

동녘이 밝아온다 풍요로운 새 터전

여기가 금강이다 우리강 참누리다

금수강산 윗자리에 깊게 새긴 그 이름

〈제5부 '청산에 올라' 에필로그〉

배앗긴 산 넘보는 섬

산마다 계곡을 거느리고 계곡의 정수리에는 봉우리가 얹혀 있습니다. 그것들은 단애斷崖를 일으켜 세우기도 하고 연봉連峰이 되어 어깨를 나란히 하다가 마침내 인간의 기슭에 다가와 유순해집니다.

이 산과 저 산의 경계에 계곡물이 흐릅니다. 그러나 물은 이 산과 저 산을 편애하지 않고 작은 소沼를 만나면 이 산과 저 산이 보존하고 있던 아름다운 풍경들의 투신을 유인하기도 합니다. 완급緩急의 경사도에 따라 흔들리는 풍경과 흔들리지 않는 풍경 모두를 불러 모음으로써 자유자재의 몸짓을 보여주고 있습니다.

상류에서 하류로 오는 동안 서서히 체형을 불린 물은 다투지 않고 청탁을 가리지 않고 낮은 곳으로만 흐르지만(老子 上善 若水), 인간의 동네에 도달하자 자정력 상실이라는 속수무책의 재앙을 만납니다. 재앙은, 지금은 남의 땅이 되었거나 남이 넘보는 땅이거나 혹은 방치와 무책임을 말합니다.

재앙의 사태 누가 앞당기고 있는가

이 나라 산하는 모두 금수강산 비경첩秘境帖에 등재되거나, 할 수만 있다면 유네스크의 세계자연 유산으로 지정되어야 한다는 내 나름의 강한 확신은, 계곡의 맑은 물이 인간의 동네에 오기 전 까지의 다짐이었음을 비로소 깨닫게 됩니다. 그것은 자연과의 친화나 성찰을 배제하고 자연과의 타협을 거부한 인간의 오만 때문이었습니다. 인간의 실책으로 변질을 끌어안게 된 물은 마침내 오염과 악취의 속지屬地를 넓혀갑니다. 맑고 깨끗하고 아름다운 것들은 더불어 철거되고, 원시에의 향수라던가 자연에의 귀의라던가 하는 정서적 지향은 당연히 원인무효의 지경에 이르게 되었습니다.

삶의 윤택이라는 이름아래서의 문명을 앞세운 인간의 무모한 욕망은 삶의 피폐라는 자연의 구체적인 답안제시에도 오불관언입니다. 이와 같은 인간의 자연에 대한 이반離叛은 살아있는 것들을 위협함으로써 재앙을 재앙이게 하는 사태를 앞당기고 있습니다.

흐르는 것이 본분인 물길이 변질이 되자 가뭄과 홍수를 담고 살아온 강은 어찌할 줄을 모릅니다. 악취로 병들어가는 유역은 벌써 오니로 뒤덮힌 채 히약한 몰골로 신음하고 있습니다. 들판의 작물이 시들배들하자 작물 주인의 가슴도 누렇게 시들배들하기는 마찬가지입니다.

우리는 지금 그렇게 병색이 완연한 한강, 금강, 낙동강, 영산강의 메마른 처지를 바라봅니다. 누천년 동안 이나라 이 민족의 젓줄과 핏줄이었다는 위대한 찬사를 부활시켜야 함을 더불어 생각합니다.

그런 의미에서 자연은 인공적인 것에 의해서 비로소 완성된다(아리스토텔레스)는 말을 믿지 않을 수 없습니다. 적어도 인간에 의해 훼손된 자연은 인간의 손에 의해 복원시켜야 한다는 당위를 담고 있기 때문입니다.

반 쪽 백두산

어떤 기회에 죽의 장막竹帳幕 '중공'을 다녀온 적이 있었습니다. 우리와 국교를 맺기 전이니까 폐쇄를 털어 낸다고는 했지만 그때의 중공은 불편했고 삼엄하였습니다. 비행기를 몇 번 갈아타고 고생 끝에 백두영산靈山의 장엄한 모습을 뇌리에 담고 내려오던 날, 호텔 입구에서 무역일꾼이라는 북한인들과의 잠시의 대화가 아직도 떠오릅니다.

백두산의 반쪽을 왜 중공에게 넘겨주었느냐가 핵심내용이었는데 그들은 거두절미하고 역사지리적 근거에 의해 정밀 측정하여 국경선을 그었다는 얘기만 되풀이했습니다. 물론 역사, 지리적 근거를 근거할 만한 설명은 없었으며, 역사지리적 근거라면 이곳 연길이나 하얼빈 등 만주벌판이 우리 땅이 아니었는가라는 질문에 그들은 갑자기 '기계'가 되어 있었습니다. 그 기계는 똑같은 얘기만 반복하는 녹음기였습니다.

나는 그들 기계를 뒤로하고 조선조 세종때의 유성원柳誠源을 만납니다. 성삼문과 함께 사육신의 한 사람인 유성원의 시 '함흥'에 무거운 마음을 내려놓습니다.

백두산은 바다를 껴안아 마천령이요	白山拱海摩天嶺
흑룡강은 땅에 누워 두만강이다.	黑水橫坤豆滿江
여기는 이태조가 내달리던 곳	此地李候飛騎處
오랑캐가 스스로 와서 항복함을 보았다.	剩看胡虜自來降

백두산 절반이 남의 땅이 되었다는 사실은 우리 모두의 비애였으며, 모두의 비애는 모두가 풀어야 할 과제임을 인식시켜 주고 있습니다. 약소와 분단의 내 나라 형편을 슬퍼하는 마음과 함께 말입니다.

우리들 안부安否 속의 독도

피안의 풍경이 그러하듯 섬은 사람들의 마음에 외로움으로 떠 있습니다. 육지에게 버림받고 산맥의 하체로 남아 있는 독도가 그렇습니다. 독도가 외로운 섬이라는 것은 그 이름이 솔직히 밝히고 있지만 동일가계同一家系의 정서인 그리움의 섬이라 해도 독도는 손사래치지 않습니다.

외로움은 자신의 마음가짐 상태를 말하고 그리움은 그리워하는 대상이 있다는 것입니다. 독도를 이야기 할 때 이 두가지를 병렬竝列시켜야 함은 독도가 외롭게 떠 있기 때문에 그리워하고 그리워하기 때문에 외롭다는 점입니다. 독도는 그래서 그리움과 외로움이 비축되어 있는 감성의 섬이기도 합니다.

독도를 이야기 함에 있어 이러한 관찰은 독도가 우리 모두의 안부安否 속에 존재해 있기 때문이기도 하지만, 손 닿을 수 없는 거리의 그 섬이 언제 저들의 먹이감이 될 지도 모른다는 걱정에 이르러 부릅 뜬 경계와 빼앗길 수 없다는 다짐은 이내 현실이 됩니다.

현실은 우리로 하여금 파도를 헤치고 절해의 섬을 찾게 합니다. 외로운 섬에 위로를 부려놓고 그리운 섬을 마음에 담아 놓는 일 뿐아니라 내 나라 내 땅임을 만대에 증거하기 위해서 입니다. 하다못해 새들이나 작은 풀꽃이거나, 그것들을 스치는 바람한점 햇살조차 우리 땅의 우리 것임을 확인하고 그것들을 지키기 위해 불침不寢의 노고를 아끼지 않고 있는 경찰관들을 위로합니다.

이 모든 것들을 지키기 위해 남이 넘보는 땅에서 벗어나 내 안에 영원한 우리의 땅으로 돌아 올 때까지 모두의 마음을 독도에 두고옵니다.

제6부

말 꽃 신곡新曲

자서록自敍錄

도참신설圖讖新說

서울이여

용산박물관

광화문

백두기白頭記

꽃과 병사

제6부 '말 꽃 신곡' 에필로그

인간의 낙원

자서록自敍錄

허기진 하루였지, 무너진 밤이었어.
떨리는 손이었다가 허덕이는 일상이었지.
그 만큼 쌓인 높이로
두 어깨만 아파왔어.

내가 나를 비웃어도 뒤틀리긴 매한가지.
명命 인지 천형天刑 인지 한 짐 잔뜩 짊어진 것.
조상을 탓해 봐도
제자리만 맴돌 뿐.

천둥 벼락 들이치면 처마 밑에 머리두고
쉬엄쉬엄 길을 걸으며 설친 잠 다독이다
마침내 어두운 고샅길을
미친 듯이 내달린다.

도참신설圖讖新說

내가 알기로는
정도령 나긴 틀린지 오래다.

수도 천도한다, 재미 좀 본 터,
수맥을 점지하라는데

좌청룡 우백호는커녕
좌충우돌
발가벗긴 땅.

살림이 거덜나도
명命만 이으면 그만인가.

여론몰이 설칠 때 마다
명산대천 팥죽꼴 될 걸.

어디를 십승지十勝地라 했던가,
숨을 래야
숨을 곳이……

날벼락 맞아도 싸지
귀막고 눈 감아야지.

숨 따악 멈추고 서면
그 자리가 묏자린데,

풍각쟁이 설치는 바람에
머리 둘 땅
한 쪽 없다.

서울이여

무작정 상경하여
겨우 기웃거린 문 안

수표다리 쯤에서
잔기침 몰아쉬면

네온 빛 잔열만
불나비듯 날더니.

판자집 허물린 자리
첨탑을 끼고 도는 벽

그 때 붕어빵 한봉지면
고운 잠 여몄는데.

넝마듯 펄럭이던 지전紙錢 닢
오늘에사 다시 본다.

영희야 철수야
찰나처럼 달아났다.

손 큰 정은 흔했어도
그 만한 도적 없던 시절.

그 시절 지금 보잤는데
맹고불孟古佛도 털린 판이...

용산박물관

창세創世의 바람결이
봄 볕 눕듯 감겨든다.

석기의 언저리 마다
바르르 떠는 촉감.

넋두리 사무친 세월에
역사보다 따뜻한 잠.

제 빛깔 잃었어도
갈피마다 혼이 튼다.

마침 풀리는 건
이제사 여기인데

신라新羅적 고운 먼지 날 때
사원 모숨 새로 산다.

발길 옮기면서
문득 마주치는 눈

닮은 듯, 눈 안 가득히
내모습 뒤바뀐 듯,

이만치 멀리서 본다.
사뭇 죄만 쌓인다.

광화문

청사靑史의 갈피 속에 내력을 맡겨둔다.

수난의 그 넘어를 말 없이 돌아본다.

순환을 병처럼 앓다가

이제야 제자리 찾은 문.

빙판길 지치듯이 그 앞을 스쳐보면

죽사발 언저리에 가난이 피어나던

그 시절 숨을 멈추고 자던

새우잠이 서럽다.

오랑캐 침흘리고 게다짝 노닌 여기

흰빛 흰 백성의 핏가루 그리 붉다.

회한은 차라리 접고

느껴움만 깊어간다.

백두기白頭記

헤일 수 없는 은총이 쌓여
비바람 사선斜線으로 내리는가.

가슴 가득히 차오르는 동천冬天
그 유현한 숨소리

용 날 듯 빛을 뿌리며
겨우 몸만 가누다.

떠 바친 하늘 한 끝에
치솟는 몸짓을 풀어

빈가지 돌 하나에도
서리듯 도도한 피

여린 싹 바람에 떨 때
새아침 열리는 소리.

선불 맞은 산짐승 되어
태고를 느끼며 섰다.

활활 타오르는 속살
그 향의 깊은 속을

큰 산이 갈라지듯
내 역사가 발을 뗀다.

꽃과 병사

꽃의 안부가 궁금한 바람센 초막에서
사뭇 소스라치며 촉수에 잡히는 아픔
저 꿈을 깁고 여닫는
눈眼 속에 뜬
달이여.

넋을 저민 오열에도 전신으로 받는 말씀
능선을 타고 넘는 굽구비 사무친 한
불티 쥔 병사의 손에
꽃은 피고
접힌다

분노도 손시림도 꽃즙에 얹어두고
긴 파람 드날리면 우수수 떨어지는 밤
두손 맞잡은 정갈한 소원
창천 밖을
구비쳐.

총구에 묻어나는 꽃분, 꽃 비늘이여
마침내 승리의 노래 기旗 앞에 펄럭이면
비둘기 내려 앉는 소리
깃을 펴는
이 아침.

〈제6부 '말 꽃 신곡' 에필로그〉

인간의 낙원

미래가 낙원임을 믿는다면 미래는 가시덤불의 현재를 경유해서만 파악되고 해석됩니다. 낙원이 미래에 도달해 있거나 미래는 낙원일 수밖에 없다는 확신을 구체화하기 위해서는 현실의 가시덤불 속에 매복해 있는 절망과 좌절 따위의 송곳같은 날침들이 만들어 내는 고통을 감내해야 합니다.

가시덤불 속에는 순치되지않은 야성野性의 시간들이 집단으로 할거하고 있습니다. 야성의 시간은 과거를 신속하게 양산하고 미래를 질서있게 잠식하지만 미래는 현재의 숨통을 밟아 고뇌의 함량을 배가시킵니다.

그러니까 찔리고 할퀴면서 가시덤불을 헤쳐나가는 작업이 낙원을 꿈꾸는 자의 인종忍從이라 해도 시계바늘의 초침으로 미래를 경험해 나가는 현재는 낙원에 도달하기 전까지 질곡의 가시덤불을 헤어날 수 없다는 말입니다.

비틀거리며 가시덤불을 헤쳐나가든, 죽음을 무릅쓰고 천길

절벽을 뛰어넘든, 낙원으로부터 버림받을 수 없다는 인간의 욕망은 그것을 수용할 수밖에 없는 나약함 때문에 그 길 그대로 가야 한다는 믿음을 소지하고 있을 뿐입니다.

저지당한 낙원행

그러나 인간이 당도한 미래는 낙원이 아니었습니다. 낙원에 있어야 할 행복이나 기쁨 그리고 평화는 자취를 찾을 수 없고 절망, 불행, 슬픔 등 부정의 관형구들이 유령처럼 떠돌고 있습니다. 낙원이란 그것을 희망할 때나 그 곳에 도착하기 전까지 차용한 어휘일 뿐이었지 폐허에 다름 없는 그곳에는 오금을 펼 수 없는 삼엄한 전율만이 득세하고 있다는 사실을 확인했을 뿐입니다.

따라서 버리고 싶어도 버리지 못하고 믿어야 하지만 믿을 수 없는 운명 앞에 낙원의 부재는 더욱 명료했습니다. 그러나 사람들은 낙원으로 추인받을 만한 아무런 긍정의 징후가 엿보이지 않는 실낙원에서 삶의 예각을 높이지만 그 어떤 사변思辨도 단음절의 신음소리만 낼 뿐입니다.

낙원이 마음 속에서만 머물고 있는 신기루에 불과하다면 신기루나마 그리지 않으면 안되는 인간의 처지를 구제할 수 있는 지푸라기를 찾아봅니다. 지푸라기는 인간의 운명의 결과를 한꺼번에 제시하거나 아니면 현실이 고통만일 수 없다는 점을 강조하면서 가시덤불 그 쯤 어느 서늘한 곳에서 산삼처럼 숨어 있는지 모릅니다.

가시덤불은 인간이 불시착한 어쩔 수 없는 운명의 터전이 아니라 낙원행을 저지당한 인간의 보금자리였습니다. 배반과 음모는 과거의 관습대로 진행되고 신이 분노할 만큼 이기와 적대가 횡행해도 인간의 보금자리에서는 허약하나마 꿈과 희망이 서식하고 있습니다.

칠정이 낙원인가

그러나 꿈과 희망이 어떤 결핍을 대신할 때 괴로운 현실을 지탱하는 힘으로써의 꿈과 희망의 목적지는 겨우 한 발자국 앞의 개선되어진 미래입니다. 현실의 고통을 희석시키려는 이러한 노력조차 무위로 돌아가면 인간의 현실 모두는 마침내 희로애락애오욕喜怒哀樂愛惡慾의 칠정七情으로 분화됩니다.

스스로 감정세계를 조립하여 삶의 길잡이로 등장한 칠정은 인간의 마음자리에 뒤엉켜 흐릅니다. 저들은 기쁨과 노여움, 슬픔과 즐거움으로 갈라져 등을 돌려 존재하되 긍정은 긍정끼리 서로 짝을 이루면서 양분됩니다. 기쁨과 즐거움과 사랑喜樂愛은 희망에 포섭되고 분노와 슬픔과 악함怒哀惡은 고통에 예속되어 인간의 내면세계를 거쳐 표정에 와 멈춥니다. 여기에서 욕慾 만큼은 별로 환영받지 못하는 다섯 개의 세분된 독자세력인 식색명재수食色名財睡를 거느리고 있습니다.

마침내 낙원과 실낙원의 세계는 칠정에 의해 주도되면서 어디까지가 낙원이고 어디까지가 실낙원인지는 그들의 뜻에 따라 구획됩니다.

꿈의 현재화, 고통의 축소라는 인간의 희망사항에 대한 집행능력은 성취와 좌절의 우여곡절을 관통하고 인간의 삶의 내용을 구체화시키면서 표정에 와 머뭅니다. 울고 웃고 분노하고 즐거워하는 통합된 표정이 아니라 웃음과 울음과 분노와 즐거움이 별개로 노출되어 인간의 모습을 극사실화 시키는 것입니다.

'말이 꽃이 되는' 은유隱喩

일곱 개의 '말 꽃 신곡'들은 현재나 미래에 있어 모두 미완의 산물이면서 고통으로 여겨지는 밑그림입니다. 낙원에 도착하기 전의 아픔이거나 혹은 낙원을 향한 구애의 몸짓일지 모릅니다.

어제의 오늘이 어제의 미래이고 오늘의 내일이 또한 미래라면 과거에 있어 구축한 미래는 한결같이 불안정한 구도를 보이고 있습니다. 무엇하나 정리되지 않은 인간사의 혼돈에 편승하여 부르는 노래는 어차피 메아리 한소절 불러일으킬 수 없으므로 모두 현세의 바벨탑일 뿐임을 깨닫습니다.

내일에 대한 희망이라고 하기에는 담담한 바램이고 그런 낙원행을 저지당한 가시덤불의 오늘의 고통에 대한 이야기라면 그것을 온전히 정신세계에 담아두어야 하는데 정형시를 빌어 정형되지 않은 시편詩篇들은 그런 의미에서 '말이 꽃이 되는' 은유를 찾아 나섭니다.

아무튼 당신과 나의 낙원으로의 진입시도를 위한 여정旅程은 계속될 것입니다. 그 길이 너무 멀고 험해서 주저 앉는 한이 있더라도 그길 만이 지름길이요, 벌써부터 외길로 자리잡고 있기 때문입니다.

결과에 상관치 않는 이러한 미래를 위한 노력이, 내일에 가서도 다듬고 고치는 일로 이어질 때 '은유'는 혹여 사람마다의 가슴에 낙원행의 희망을 안겨 줄지 모르기 때문입니다.

| 작품감상 |

김구부의 절망 그리고 저지당한 실낙원

신 상 성 (문학평론가, 문학박사)

| 작품감상 |

김구부의 절망 그리고 저지당한 실낙원

신 상 성 (문학평론가, 문학박사)

김구부와 원효元曉의 화쟁사상和諍思想

이번에 얼굴을 내민 '맞이하고 마주하고'는 김구부 시인의 6번째 저서가 된다.

그가 중앙일보 신춘문예로 등단한 지 22년만에 다시 옷깃을 여미고 독자 앞에 나타난 것이다. 여기에는 시와 산문을 6개로 구분하였다. 시를 중심으로 하여 변명 같은 산문을 곁들인 것이다. 변명 같은 것이지만 고뇌에 찬 고백 같은 것이다.

그 동안 그는 무대감독으로 살아왔다. 그것도 시민단체에서의 공연을 총괄하면서도 무대 전면에 나타나지 않는 무대감독이다. 김구부는 많은 무대 주인공을 주인공이게 하면서 정작 자기는 한번도 얼굴을 내민 적이 없다. 원래 그의 성격자체가 전면에 나서는 것보다 다른 사람을 앞에 내세우기를 좋아한다. 그것은 또한 문인의 성격이어서인지도 모른다. 악한 자 앞에서는 서슴없이 칼을 빼들면서도 약한 자 앞에서는 손수건을 들고 뒤돌아 선다. 악과 약, 점 하나 차이에서 누구에게나 인생은 뜬금없이 절벽이 된다. 천당과 지옥은 점 하나 차이이고, 행복과 불행은 종이 한 장 차이이다.

그가 2004년도에 발표한 감성기행산문집 '문에게 길을 물어'를 읽고 나는 무릎을 쳤다. 이제까지 내가 읽은 산문 가운데 가장 감동적인 책 가운데 하나였다. 전국을 헤매어 다니면서 그는 어떤 사물 앞에 서면 많은 생각을 깊이 있게 침잠한다. 태평양 한복판에 군함이 한 척 가라앉듯 우리의 생각을 바다 속으로 끌어 들인다. 그 사물 속에는 역사적, 사회적, 철학적, 존재론적 고뇌가 핏빛으로 고인다. 입술을 질끈 깨물면 입 속에 진한 피가 고이듯 오랜 생각을 몸부림치게 만든다. 그러면서 연애편지 읽듯 감성적이다.

1989년 천안문 사태 때, 반체제 문학가로 지금도 해외로 떠돌고 있는 망명시인 베이다오北島의 시집도 이제껏 내가 정독한 시들 가운데 가장 충격적인 시편들이다. 그 시 속에 묻어 있는 우주적 고뇌와 고독은 인간의 한계와 영원한 외디푸스적인 고통이다.

그러나 그는 그 고통을 초월적 고통내지 어떤 희망으로 승화시켰다. 한때 떠도는 중국 노벨상으로 지금도 중국의 5십대 이상 인민들에게는 살아있는 우상으로 추앙받고 있다. 2008년 여름, 베이다오가 비공식으로 한국에 들어왔을 때 나는 그와 함께 대부도의 밤하늘 별을 헤면서 많은 얘기를 나누기도 했다.

김구부의 카프카 같은 산문정신과 베이다오의 푸시킨 같은 시 정신은 아직도 우리 셋이 이 세상에 살아있다는 것만으로도, 그리고 같이 이 시대의 산소를 마시고 있다는 사실만으로도 행복한 일이 아닌가. 이 각박하고 을씨년스런 사회에서 한 줄기 소나기가 아닐 수 없다.

그는 지금도 '자유주의 시장경제'를 지키기 위해 이를테면 전투부대 막사 뒤 야전 침대에서 며칠씩 생날밤을 새우다가 귀신 몰골로 귀가한다. 그러다가 얼마 전에 이 시집을 던져놓고 가버렸다.

> 허기진 하루였지, 무너진 밤이었어./ 떨리는 손이었다가 허덕이는 일상이었지./ 그 만큼 쌓인 높이로/ 두 어깨만 아파왔어./ 내가 나를 비웃어도 뒤틀리긴 매한가지./ 명命 인지 천형天刑 인지 한 짐 잔뜩 짊어진 것.
>
> '자서록' 중에서

> 열 받을 나이도 지나고/ 세상을 관조할 때인데도/ 나를 자꾸 오른쪽으로만 이끌어 간다/ 길을 걷다보면 오른쪽으로 가야 할 때도 있고/ 반드시 왼쪽으로 갈 때도 있다/ 다르다 하여 그것이 틀린 것이 아니듯이
>
> 허홍구의 시 '김구부' 중에서

앞머리의 이 두 편 시를 읽으면서 손뼉을 쳤다. 첫 번째 시편은 김구부 자신의 넋두리이고, 두 번째 시편은 허홍구 시인의 시편이다. 본인과 타인의 시각이 앞뒤로 일치하고 있다. 그는 평생 가정보다는 국가, 본인보다는 타인을 위해서 희생해왔다. 그러다 보니 늘 떠돌이 생활이다. 시인으로서의 김구부와 민주투사로서의 김구부 양면을 일부 보여준 노래들이다.

그는 '책 머리에'에서 "사람의 평생을 웃음과 울음의 교차속에서의 삶이라고 생각해 봅니다. 웃음을 기쁨이거나 희망 또는 즐거움, 성취감 등의 범주에 두고 울음은 불행과 좌절, 고통 등으로 구획한다면, 사람의 평생은 웃음을 위해 울음을 극복해 가는 과정이라고 할 수 있을 것입니다. 그래서 우리는 웃음을 맞이하고 또 마주하기 위해 노력을 아끼지 않습니다."며, 겸손하게 두 손을 모으고 독자들 앞에 서 있다.

> 지금처럼 답답한 속으로야 그대 이름을 부를 수 없다./ 숯검정으로 타들어가는 마음을/ 어찌 꺼내 보이랴./ 다만 넘쳐나는 눈물을 다독일 수 없다면/ 모질게 할퀴고 간 광란의 그 밤바다를/ 잊을 수 없다면/ 그대들의 간절한 기도를 암송할 뿐이다.
>
> '곡哭, 천안함 순국용사의 영전에' 중에서

> 친구여, 그 때의 네 편지는/ 온통 희망이었지/
> 절절한 안부에다/ 군인의 길 까지//

폼 나는 사진 속엔/ 태극기가 휘날렸고/

'해병의 이름으로 1' 중에서

그리하며 나르는 것/ 새인가, 자유인가./
충절의 넋들이/ 불꽃처럼 타오른다./
그 염원/ 빛으로 남아/ 산맥처럼 일렁여라.

'해병의 이름으로 2' 중에서

'맞이하고 마주하고'는 일종의 목적시이다. 어떤 뚜렷한 목적을 가지고 쓴 시편들이다. 대개의 목적시들이 그 목적만을 앞세워 좀 딱딱하고 짜증스럽다. 그러나 이 시집은 국가와 민족이라는 대전제 아래 시대적인 시사적 편린들을 베틀짜기 하였지만 어떤 목적적이기 보다 목적을 포함한 눈물들이었다.

이 시집 제목에서 보듯이 어떤 손님을 정성껏 맞이하고 또한 그와 마주하여 진지하게 대화하는 것이다. 한 사람의 친구 또는 하나의 집단과 진정으로 '맞이하고 마주한다'면 불화가 될 일이 없다. 가정이나 국가나 대화 이상의 좋은 해결방안은 없다.

불화를 조화로 승화시키려면 우선 그 불화의 대상을 정면으로 불러내어 앞에 앉혀놓고 대화를 해야 한다. 예컨대, 최근의 천안함 폭침으로 우리 장병들이 산화한 바닷가에서 그는 상심의 눈물을 흘렸다. 지난 가을 그의 인솔 아래 백령도 위령제를 지내기 위하여 나도 따라 나섰다. 우리들은 북한이 코 앞에 보이는 해변에서 영령들의 얼굴을 그린 '영혼지'를 하나씩 하늘에 불살라 올렸다. 그들의 죽음에서 얻어야 할 교훈을 어떻게 맞이하고 마주할 것인가를 그는 눈물에 담고 있음이 분명했다.

그래서 그는 자유민주를 지키기 위한 어떠한 고난이나 위협에도 굴하지 않고 종북주의자들에게 대항한다. 그렇다고 그는 결코 꼴통 보수주의 우파가 아니다. 단지 애국자이다. 건국이념과 헌정질서를 지키는 문지기일 뿐이다.

어쨌든 김구부는 시인이면서 야인으로서 온 몸으로 국가와 민족을 강인한 동아줄 살바같이 지켜내고 있다. 그러면서, 그는 '제1부 화합의 노래'에서 '지금은 잠을 깰 시간'이라면서 화합을 호소하고 있다. '밤을 불사르며' 간곡하게 우리 사회를 위해, 국가와 민족을 위해 밤새도록 기도하는 것이다.

빗장을 벗겨라
그리하여 너를 위하여 나는
몸둘 바 없는 과거를 지울 수 있다
휘장을 걷어 올리자마자
음울하고 축축한 입김을 사라진다
중략…
미친 듯이 눈물을 삼키며
너는 왜 꿈을 죽이고 있는가
부딪치고 넘어지면서
우리가 내 지를 수 있는 소리는
아우성이 아니라

한 점 노래도 섞이지 않은 메마른 떨림이었다.

'지금은 잠을 깰 시간' 중에서

너에게 나를 세습시키기 위하여
모든 길을 막아 놓고
아, 물이 흐르게 만들고 싶었다
저 합일의 꼭지점에서 만나기 위하여
비바람 흐르는 길을 따라
아, 나는 범람하는 사랑을
뜨겁게 맞고 싶었다.

'아름다움으로' 중에서

'화합의 노래' 에필로그에서 그는 '화합의 행방을 찾아서' 맞이하고 마주 앉는다. 그러면서 조용히 이렇게 말한다. '화和와 예禮와 법法의 실종'시대라며 더욱 조용히 침잠한다. "말의 힘을 알기 위해서는 먼 길을 가봐야 알 수 있고路遠之馬力, 사람의 됨됨이는 시간이 지나 봐야 알 수 있다는 고사가 있습니다. 이렇듯 헌정사 60년 한국정치가 내일에 가서도 크게 기대할 수 없는 게 결론이라면, 어디에서 해법을 찾아야 할 지가 더욱 답답한 일입니다." 그는 계속 말한다. "한자의 화和는 벼 화禾자와 입 구口 두 자로 구성되어 있습니다. 밥이 입에 들어가 배가 불러야 화가 성립된다는 뜻이 아닐까 합니다".

그는 다시 원효의 '화쟁사상' 화두를 놓고 스스로 절규한다.

"다만 '싸우지 말고 화목하게 지내고 그러기 위해서 겸손하라'(元曉 和諍思想)는 화和가 어떤 작위로도 변형될 수 없다면 진眞일 수밖에 없는 정제된 가치 그대로 남아 있어야 합니다.오늘 아침 먹구름이 하늘을 덮어 해를 볼 수 없다고 해서 동에서 서로의 해의 운행은 지연되거나 중단되지 않았습니다. 그것은 불변의 진眞이요 화和이기 때문입니다"라고.

나라위한 희생, 잊을 수 없는 얼로 전승

겨레의 스승이시여/ 이제 간곡히 바라기는,/ 바다를 가로지르는 웅휘로운 기상과/ 산악을 관통하는 불굴의 의지를 되살리시어/ 다만, 절름발이의 살림에서 벗어나게 해 주소서./ 아직 길은 멀고 험한데/미망에서 깨어나지 못한 자 매웁게 다스려 주소서./ 그리하여 이 나라 백성임을/ 자랑스럽게 깨우쳐 주소서.

'겨레의 스승 안중근 의사를 추모함'

김구부는 안중근 같은 큰 스승도 흠모하지만 나라를 위해 이름 없이 산화한 젊은이들, 6.25의 참화에 희생 당한 군인과 경찰, 철도참전 용사며, 태극단전사와 학도병들의 거룩한 희생도 변함없이 기린다.

그대는 조국이 위태로웠을 때 꽃다운 나이를 버렸다/ 겨레의 수난이 막바지로 치달을 때/ 그대는 상아탑의 학도이기를 거부했다/ 조국이 부르기 전에 총을 들었고/ 겨레가 부르기 전에/ 그대는 스스로 요새가 되었다/ 장하지 아니한가 태극의 전사들이여

'태극전사들이여, 향을 받으소서' 중에서

나라를 위한 희생에는 크고 작음이 없다. 우리의 삶과 인간의 가치가 어찌 크고 작음이 있겠는가? 인간은 죽음 앞에서는 평등하다. 다만, 살아생전에 어떻게 살아가느냐가 문제일 뿐이다. 우주는 본디 빈 것이며 공空한 것이다. 큰 것이 작은 것이고, 작은 것이 큰 것이다. 사는 것이 죽는 것이고, 죽는 것이 다시 새로운 환생의 시작이다.

그가 말한다. "죽음과 함께 모든 것이 결코 없어지지 않는 삶의 이치를 공유했던 전우들이거나 독립투사들은 이제 꿈꾸듯 시선을 멀리 두고 희망을 노래합니다. 흙을 빚어 물레질을 하고 유약을 바르고, 마침내 불 속에 누워 아름다움을 꿈꾸는 도자기, 그 도자기가 바로 조국의 오늘이라는 것을— 그리하여 조국의 내일은 불가마에서 꺼내진 아름다운 도자기처럼 찬란할 수밖에 없음을 이야기합니다."

내일의 조국, 우리 후손들의 조국은 오늘 우리들의 희생 위에서 아름다운 도자기로 거듭 태어날 것입니다. 그래서 우리의 조국은, 대한민국의 미래는 영원히 찬란하게 빛날 것입니다. 아니 그렇게 그는 갈망하는 것이다.

기억의 저편, 혹은 죽음에 관한 명상

김구부의 이 시집은 전체적으로 세 가지 유형을 보여준다. 첫째는 국가적 목적시들이다. 연평도 포격, 천암함 폭침 등 국가적, 시사적 문제들과 안중근, 학도병, 전몰군경 등 국가와 민족을 위해 희생한 위인들을 흠모하고 기리는 노래들이다. 둘째는 그렇게 희생당한 의인들을 안타깝게 추상하는 시들이다. '눈물의 시' '비목부근' '사부곡' 등 기억의 저편을 더듬으며, 그들의 아버지와 갈 수 없는 고향 등을 상기하며 눈물을 삼키는 것이다. 셋째는 주변의 빛과 그림자들이다. 바쁘게 살아가는 생활주변에서 만나는 일상들이다. 그것을 '자서록'으로 마감하며 잠시 자신의 앞 뒤를 거울로 비춰보는 것이다.

그래서 앞부분은 작은 땡크 같이 강인하게 보여주던 시편들이 '제3부 눈물의 시' 이후부터는 시인 본래의 모습으로 되돌아와있다. 특히 그는 6.26 한국전쟁에서 희생된 전몰군경유자녀에 대한 연민이 강하다. 거친 세상을 힘겹게 살아오면서 얼굴도 모르는 아버지에 대한 원망, 그리움 등을 속살깊이 파헤치고 있다.

> 내 손만 잡아주어요 아버지./ 내 입김도 다스려 주어요./ 말을 걸지 않아도 좋으니까/ 나의 눈물만 거두어 주어요./ 꿈에 나타나지 않아도 괜찮고/ 내게 무슨 등불 같은 것을 켜

주지 않아도/ 아버지./ 그저 쉽게 곁에만 있어 주어요.

'눈물의 시' 중에서

오늘은 하 답답해/ 당신을 찾습니다./ 오랜 기다림을/ 바람 결에 날립니다./ 장승처럼 돌이되어/ 하염없이 섰습니다.

'현충원에 가서' 중에서

김 시인은 아버지에게 하소연 한다. '나에게 말을 걸지 않아도 좋으니까' 제발 곁에만 있어 달라고 애원한다. 그러나 돌아가신 아버지가 손을 잡아줄 수는 없다. 그래서 유자녀의 심정이 되어 묘소에 찾아가 하염없이 돌이 되어 장승 같이 서 있기도 했다.

'눈물의 시' 에필로그에서 그 자신이 다시 고백한다. '이별의 아픔 혹은 내 안의 아버지'는 6.25 때 휴전선에서 죽어간 많은 아버지, 국가의 아버지이기도 하다. 그들의 아들, 딸들은 "동해안 고성에서 파주 임진각까지 155마일 휴전선 철조망을 따라 자랑스런 아버지의 흔적을 찾아 나섭니다. 백마고지에서 아버지를 부르며 눈물을 짓기도 하고 격전의 골짜기에서 야영을 하면서 아버지의 나라사랑 정신을 되새기기도 합니다. 아버지의 아들답게, 아버지의 딸다운 자긍심은 그간의 서름과 원망을 녹입니다. 아버지는 언제나 내 안에 있고, 내 안에 있는 아버지는 나라의 아들임을 자랑스러워 합니다. 그러나 그들의 가슴 깊은 곳에는 항상 눈물이 넘쳐나고 있습니다." 고 그들의 지워지지 않는 발자취를 아로새긴다.

그는 '제4부 못다한 이야기' 에서도 에필로그로 '추억의 귀의처'를 소곤거린다. 그의 할아버지는 가정보다 조국애가 앞섰다. 그래서 누구에게도 떳떳했다. 그러나 아버지는 국가보다 가정이 더 소중했다. 그래서 그는 조국이 먼저냐? 가정이 먼저냐?로 고민한다. 조국애냐? 부성애냐? 그러나 이젠 아들에게, 손주들에게 어느 것을 우선 시켜야 하느냐? 그런데 엉뚱하게 성폭행이 튀어 나오고 뜬금없이 전교조가 튀어 나온다.

> 그러나 할아버지, 아버지, 나는 지금 제 자식들에게 아무런 할 말이 없습니다. 할아버지의 조국애와 아버지의 부성애는 커녕 진정한 제 목소리도 아이들에게 들려줄 말이 없으니 얼마나 답답한 노릇입니까. 정말 저는 당신들의 손주들에게 '성폭행 조심해라' , '너를 가르치는 선생님이 전교조 아닌가 잘 살펴봐라' 는 말 밖에 할 수 없는 것일까요./
> 할아버지, 아버지 이 부끄러움을 어떻게 해야 할까요?
>
> '부끄러운 이야기' 중에서

> 선생님 이러시면 안돼요/ 우린 하얀 백지여요/ 가능하면 무지개빛 꿈이거나/ 새소리 지저귀는 푸른 숲의/ 그런 평화를 그려요/ 악취나는 시궁창을 그린대도/ 핏빛 섬뜩한 화약냄새를 바른대도/ 그것은 전혀 선생님의 뜻이지만/ 우리는 그냥 백지가 가르키는 순수이고 싶어요/
>
> '전교조 선생님에게' 중에서

그에게 '전교조'는 두려운 존재이다. 하얀 백지 같은 어린이들은 무지개빛 꿈을 그리고 싶은데, 전교조 선생님은 화약냄새를 그리도록 강요한다.

순진한 아이들은 어쩔 수 없이 핏빛 섬뜩한 화약냄새를 바르면서도 절규한다. 백지가 가르키는 순수를 지향하고 싶어한다. 그는 "오랜만에 소꼴도 베고 싶고, 그렇게 오랜만에 삽살이의 등줄기를 쓰다듬고 싶은데, 지금은 갈 수 없는 고향, 황해도 서흥군 내양면 녹안마을은 어디 있는가."라고 실향민의 정서를 함께하고 있다.

'추억의 귀의처歸依處에서 그는 다시 소리친다. "고향이 언제나 석기시대에 머물러 있어야 한다는 나의 지론이 그렇게 타격을 받았지만 그렇다고 추억의 멸망사는 조기에 쓰지 않기로 하였습니다. 중첩된 추억들에 대해 골격을 맞추고 살을 붙인다 해도 몸에 맞지 않은 옷을 입기는 마찬가지로 어색하겠지만, 어차피 고향을 차용하거나 복원할 수 없다면 나는 김영자 선생님을 그리워하고 그 얼굴들을 재생하여 동심에 뛰어드는 것이 그나마 석기시대의 고향에 잠입해 보는 나만의 통로를 확보하는 일이 될 것이기 때문입니다."라고-.

저지당한 인간의 낙원을 찾아

그는 백두산에 올라가 빼앗긴 산, 그리고 왜놈들이 넘보는 섬들을 두루두루 살펴본다. 독도를 찾아가 '독도는 우리 땅'이라는 노래를 소리치기도 해본다. 마지막에 그는 저지당한 낙원행을 찾는다. 그래서 너는 나에게 무엇인가? 나는 너에게 무엇인가? 끊임없는 회의와 절망을 반복한다. 그래서 나에게 역사란 무엇인가?

> 보라, 여기 햇빛이 처음 나래를 펴고/ /빗줄기 옥정수玉井水로 내리는 곳./ 수 천의 산하를 거느리고/ 홀로 우뚝 역사하는 겨레의 영산을 보라./ 고구려의 말발굽소리가/ 우리의 가슴에 혼불로 남고/ 만주벌 휘달리던 선구자의 기백
>
> '백두에 올라' 중에서

'인간의 낙원' 에필로그에서 그의 말을 직접 들어보자. "그러나 인간이 당도한 미래는 낙원이 아니었습니다. 낙원에 있어야 할 행복이나 기쁨 그리고 평화는 자취를 찾을 수 없고 절망, 불행, 슬픔 등 부정의 관형구들이 유령처럼 떠돌고 있습니다. 낙원이란 그것을 희망할 때나 그 곳에 도착하기 전까지 차용한 어휘일 뿐이었지 폐허에 다름 없는 그곳에는 오금을 펼 수 없는 삼엄한 전율만이 득세하고 있다는 사실만을 확인했을 뿐입니다."

여기에서 김 시인은 흔들리기 시작한다. 회의가 스며드는 것이다. 인간은 고독하다. 그리고 나약하다.

절망하지 않고 희망이란 없으며, 실패하지 않고 성공할 수는

없다. 따라서, 불행이란 행복을 위한 사전 연습이다. 증오는 사랑을 위한 실습이다. 조급하게 다투지 말고 낙낙하게 살 일이다. 그래서 그는 스스로에게 타이르는 것 같다. 그는 다음과 같이 말한다.

"외로움은 자신의 마음가짐 상태를 말하고 그리움은 그리워하는 대상이 있다는 것입니다. 독도를 이야기 할 때 이 두 가지를 병렬竝列시켜야 함은 독도가 외롭게 떠 있기 때문에 그리워하고 그리워하기 때문에 외롭다는 점입니다. 독도는 그래서 그리움과 외로움이 비축되어 있는 감성의 섬이기도 합니다. 독도를 이야기 함에 있어 이러한 관찰은 독도가 우리 모두의 안부安否 속에 존재해 있기 때문이기도 하지만, 손 닿을 수 없는 거리의 그 섬이 언제 저들의 먹이감이 될 지도 모른다는 걱정에 이르러 부릅 뜬 경계와 빼앗길 수 없다는 다짐은 이내 현실이 됩니다."

김구부는 이제 돌아와 '말이 꽃'이 되는 은유를 비로소 찾았다. 어떠한 고난과 고통도 결국은 자기 스스로가 선택한 것이다. 때로 주위에서 강요되기도 하지만 그것도 최후에는 자기의 선택이다. 김 시인의 이야기를 다시 들어보자.

"어제의 오늘이 어제의 미래이고 오늘의 내일이 또한 미래라면 과거에 있어 구축한 미래는 한결같이 불안정한 구도를 보이고 있습니다. 무엇하나 정리되지 않은 인산사의 혼논에 편승하여 부르는 노래는 얼기설기한 가건물일망정 그것들은 모두 현세의 바벨탑일 뿐임을 믿습니다. 희망이라고 하기에는 담담한 바램이고 희망의 차단에서 오는 아쉬움이라면 그것은 온전히 정신세계에 담아두어야 하는데 정형시를 빌어 정형되지 않은 시편詩篇들은 그런 의미에서 '말이 꽃이 되는' 은유를 찾아 나섭니다."

무작정 상경하여/ 겨우 기웃거린 문 안/
수표다리 쯤에서 / 잔기침 몰아쉬면/
네온 빛 잔열만/ 불나비듯 날더니/
판자집 허물린자리/ 첨탑을 끼고 도는 벽/
중략…
그 때 붕어빵 한봉지면 고운 잠 여밀텐데/
'서울이여' 중에서

김 시인은 시골에서 서울로 거의 무작정 상경하였다. 누구나 그랬듯이 고통속에서의 희망이 오늘의 김구부를 키웠다. 여기서 그는 다시 스스로에게 타이른다. "일곱 개의 말 꽃 신곡들은 현재나 미래에 있어 모두 미완의 산물이면서 고통으로 여겨지는 밑그림입니다. 낙원에 도착하기 전의 아픔이거나 혹은 낙원을 향한 구애의 몸짓일지 모릅니다. 아무튼 당신과 나의 낙원으로의 진입시도를 위한 여정旅程은 계속될 것입니다."

이 시집은 오늘의 김구부를 가늠하는 또 하나의 체온계이며, 긴 인생의 중간역이기도 하다. 다시 그의 좋은 시를 기다려 본다.

魂으로 부른 자유의 노래
맞이하고 마주하고

초판 인쇄 2011년 3월 26일
초판 발행 2011년 4월 1일

지은이 김구부
펴낸이 양상구
웹디자인 김태완
펴낸곳 도서출판 **채운재**
주소 100-861 서울시 중구 충무로2가 49-8 (서울빌딩 202호)
전화 02-704-3301
팩스 02-2268-3910
핸드폰 010-5466-3911
이메일 ysg8527@naver.com
정가 12,000원